Roberts Liardon
LEBEN IN DER ENDZEIT

Roberts Liardon

Leben in der Endzeit

Leuchter-Verlag eG · Erzhausen

Titel der Originalausgabe: Final Approach
Übersetzung: Karl Schanz
Umschlaggestaltung: Frank Decker

1. Auflage Juni 1994

© 1993 by Roberts Liardon
Original Publisher: Creaton House, Lake Mary, Fl.
© der deutschen Ausgabe 1994 by Leuchter-Verlag eG

ISBN 3-87482-168-4

Gesamtherstellung: Schönbach-Druck GmbH, Erzhausen

INHALTSVERZEICHNIS

VORWORT

Befanden Sie sich schon einmal auf einer Flugreise, auf der das Flugzeug mitten im Flug in einen heftigen Sturm geriet? Es ist eine furchteinflößende Erfahrung! Ich kann mich an Flüge erinnern, während denen ich den Eindruck hatte, daß wir Hunderte von Metern absackten.

Wenn so etwas geschieht, versuchen die Passagiere gefaßt auszusehen, obwohl sie innerlich mit der Angst kämpfen. Sie schauen unauffällig umher, ob jemand so ängstlich aussieht, wie sie sich innerlich fühlen.

Und doch geschieht es verhältnismäßig selten, daß Flugzeuge infolge eines Sturmes oder von Luftturbulenzen mitten im Flug abstürzen. Die bei weitem gefährlicheren Zeiten sind der Start und die Landung. Jeder Triebwerkausfall oder Konzentrationsmangel kann sich in diesen beiden Phasen verheerend auswirken.

Dasselbe gilt auch für die Gemeinde. Bei ihrem „Start" taufte Jesus eine kleine Schar von Nachfolgern mit Seinem Heiligen Geist und gab ihnen den Missionsauftrag. Als sie dem nachkamen, bestätigte der Heilige Geist die Botschaft mit Erweisungen der Kraft und half ihnen, das Evangelium erfolgreich zu verbreiten.

Der Apostel Paulus bezeugte vor König Agrippa:

> *Denn der König versteht sich auf diese Dinge. An ihn wende ich mich darum auch mit meiner freimütigen Rede, denn ich bin überzeugt, daß ihm nichts von diesen Dingen verborgen geblieben ist. Dies alles hat sich ja nicht in einem Winkel abgespielt (Apostelgeschichte 26,26).*

Beachten Sie, was Paulus sagt: „Dies alles hat sich ja nicht in einem Winkel abgespielt!" Paulus und die anderen Apostel ließen sich von niemandem einschüchtern: Die Kraftdemonstrationen Gottes sollten öffentlich geschehen, so daß alle sie sehen konnten.

Heute, wo die Gemeinde sich endgültig ihrem Ziel nähert, ist die Kraft Gottes genauso entscheidend. Mehr als zuvor müssen die Menschen Gottes Kraft in den Leben der Gläubigen am Wirken sehen. Viele Kulte und Sekten entstanden und wuchsen stark, weil es die Menschen zum Übernatürlichen zieht. Die Sehnsucht danach ist in jedem von uns vorhanden, denn wir sind von Gott erschaffen, und Er ist übernatürlich.

Weil manche Menschen Gottes übernatürliche Kraft bei den Christen nicht sehen, suchen sie irgendwo anders. Der Teufel ist dann mehr als glücklich, sie mit übernatürlichen Phänomenen und Irreführungen bedienen zu können.

So fallen auf der ganzen Welt viele Menschen auf den Betrug des Feindes herein, während sie eigentlich nach dem Gott der Schöpfung suchen – bewußt oder unbewußt. In jedem Menschen liegt das Verlangen, Ihn kennenzulernen.

Die Gemeinde wuchs in den Tagen der Apostel so stark, weil diese den Menschen zeigen konnten, wer Gott ist und daß Er handelt. Dabei traten sie in aller Öffentlichkeit auf, nicht irgendwo verschämt in einem entlegenen Winkel.

Die Endzeit

Wir leben heute in einer Zeit, wo sich alles zuspitzt. Es ist eine Ahnung vorhanden, daß alles in nicht allzu langer Zeit zu einem Abschluß kommen wird. Deshalb gibt es so viele Organisationen, die dies oder jenes retten wollen. Überall bilden sich Gruppen, die sich bestimmte Ziele gesetzt haben: Rettet die Bäume, rettet die Wale, die Eulen usw. Sogar Weltmenschen spüren, daß etwas getan werden muß, da die Zeit drängt.

Aber es geht nicht nur um natürliche Dinge. Es gibt einen geistlichen Grund, warum sich das Geschehen zuspitzt: Jesu Wiederkunft ist nahe! Wir stehen an der Schwelle des Tausendjährigen Reiches. Aber *noch* sind wir nicht soweit. Es ist immer noch Zeit für uns übrig, und wir müssen das Beste aus ihr machen.

Wir haben ein großes Werk für Gott zu tun. Wir können es uns nicht erlauben, dieses Werk in einem verborgenen Winkel zu tun. Wie die Apostel werden wir sehen, daß Zeichen und Wunder in unserem Dienst geschehen – in aller Öffentlichkeit. Die Leute müssen Gottes Güte, Heilkraft und Liebe für sie erkennen können.

Wie sollten wir also in dieser auslaufenden Zeit leben? Darum geht es in diesem Buch. Es will Ihnen zeigen, wie Sie Gottes Werke tun und siegreich in diesen Endzeittagen leben können.

Aber das Volk, das seinen Gott kennt, wird sich stark erweisen und entsprechend handeln (Daniel 11,32).

Eine bevorrechtigte Generation

Wir leben in der aufregendsten und packendsten Zeit der Gemeinde. Diese Generation hat das Vorrecht, das Wiederkommen unseres Herrn und Heilandes Jesus Christus zu erleben. Leider ist die Art und Weise, wie viele Christen leben, alles andere als mitreißend.

Manche Gläubige meinen: „Ich gebe ja mein Bestes, aber ich kann es kaum erwarten, daß die Entrückung kommt, damit ich endlich aus diesem Schlamassel herauskomme." Andere leben in Angst und denken: „O weh, was soll ich tun, wenn der Antichrist kommt? Werde ich es schaffen oder nicht?"

Welche Einstellung sollten wir haben?

Es gibt viel Verwirrung über die Endzeit, die Entrückung, den Antichristen usw. Ein Prediger bringt alle Bibelverse hervor, die für eine Entrückung vor der Trübsal sprechen. Ein anderer geht aber von der Entrückung nach der Trübsal aus. Wieder andere geben der Überzeugung Ausdruck, daß es mindestens zwei Entrückungen gibt, eine während und eine nach der Trübsal.

Vorher, während oder nachher – ein Grund zu ständigen Diskussionen. Und sie bringen meistens nicht viel.

Es ist nicht wirklich wichtig, wann die Entrückung stattfindet. Wichtig ist, daß wir bereit sind. Egal, was geschieht, wir wollen, daß Jesus uns dabei vorfindet, Seine Aufträge auszuführen.

Eine Bekannte von mir sagte mir einmal: „Ich bin eine Klapp-Entrückungs-Gläubige!"

Das hatte ich noch nie gehört, so daß ich sie fragte: „Was ist denn das?"

„Ich glaube einfach, daß alles klappen wird!"

Manchmal kommen wir so ins Debattieren hinein und verteidigen so sehr unsere Position, daß wir vergessen, warum wir eigentlich auf Erden sind. Hören Sie: Wenn Jesus Christus wirklich unser Herr und Heiland ist, brauchen wir uns um nichts Sorgen zu machen. Es wird schlußendlich alles gut klappen und hinauslaufen!

Aber bis das Ende kommt, haben wir viel zu tun. Darum geht es in diesem Buch – Leben in der Endzeit und unsere Verantwortung dabei. Wir sind die Generation, die in diesem entscheidenden heilsgeschichtlichen Zeitalter lebt. Wir sollten daher mit großem Elan an die Arbeit gehen.

Das Leben mit Jesus ist ein fortwährendes Abenteuer. Manche Christen leben stumpfsinnig dahin, weil sie

nichts wagen. Wenn Sie jedoch wirklich das tun, was
Jesus uns zu tun aufträgt, ist das Leben spannend und er-
lebnisreich. So sollte es auch bis zum Ende bleiben, wann
immer auch unser Herr kommen mag.

Der große Vorabend

Die amerikanische Kultur hat verschiedene Bräuche, die
mit der Hochzeit zusammenhängen. So gibt es zum Beispiel eine sogenannte „Bachelor Party" (eine Art Pol-
terabend). Ich war noch nie auf einer, aber natürlich habe
ich schon darüber gehört. Die Freunde des Bräutigams
richten direkt vor der Hochzeit diese Party aus. Es ist sozusagen die letzte Fanfare zur Hochzeit.

Wir als Gemeinde leben in diesen Tagen in gewissem
Sinn auch an solch einem Vorabend, und wir müssen die
Zeit vor dem großen Ereignis nutzen. Laßt uns alles tun,
um Gottes Pläne und Absichen auf Erden auszuführen,
bevor wir mit unserem Bräutigam vereinigt werden. Das
ist mir wichtiger als der Zeitpunkt, wann Er kommt. Ich
weiß, Er wird kommen, aber selbst Er wußte nicht einmal, wann (Matthäus 24,36).

Ich sage mir: Wenn Jesus selbst den Zeitpunkt nicht
wußte, weshalb sollte ich dann Zeit und Energie dafür
aufwenden, es herausfinden zu wollen? Entscheidend für
mich ist, daß Er, wenn Er kommt, mich genau das tun
sieht, was ich tun soll. Ich will bereit sein für Seine Wiederkunft!

In Jesu Gleichnis von den zehn Jungfrauen sehen wir,
was geschieht, wenn man nicht bereit ist. Fünf der
Mädchen waren töricht, die anderen klug (Matthäus
25,2). Die törichten hatten kein Öl für die Lampen mit-
genommen. Als es lange dauerte, wurden alle schläfrig
und nickten ein.

Als der Bräutigam schließlich kam, waren die törichten nicht bereit. Sie mußten sich erst noch Öl besorgen. Als sie danach kamen und an die Tür klopften, wurde ihnen der Einlaß verwehrt. Es war zu spät. Der Bräutigam sagte: *„Wahrlich, ich sage euch, ich kenne euch nicht"* (Matthäus 25,12).

Jesus erzählte dieses Gleichnis bestimmt nicht, um die Jünger in Furcht zu versetzen. Was Er wollte, ersehen wir daraus, wie Er das Gleichnis abschließt. Er ermahnt sie: *„So wacht nun, denn ihr wißt weder den Tag noch die Stunde"* (Matthäus 25,13). Der Zweck des Gleichnisses war, sie aufzurufen, wachsam und sozusagen bis zum letzten Atemzug um Gottes Dinge besorgt zu sein.

Danach erzählt Jesus das Gleichnis eines Mannes, der auf eine lange Reise ging (Matthäus 25,14-30). Bevor er wegging, rief er seine Knechte zusammen und vertraute ihnen sein Vermögen an, wobei er ihnen unterschiedliche Beträge gab.

Als er nach langer Zeit zurückkam, wollte er sehen, was die einzelnen Knechte inzwischen damit erwirtschaftet hatten.

Zu zweien seiner Knechte konnte er sagen: *„Recht so, du guter und treuer Knecht."* Einen mußte er jedoch tadeln: *„Böser und fauler Knecht."* Worin bestand der Unterschied? Zwei taten, was befohlen war, der dritte aber nicht.

Unser Meister ist lange Zeit weg und hat uns diese Erde anvertraut. Wenn Er schließlich zurückkommen wird, wünsche ich mir, daß Er von uns sagen kann: „Recht so, ihr guten und treuen Knechte!" Wünschen Sie sich das nicht auch?

Ich glaube aufrichtig, daß dieses Buch Ihnen eine Hilfe dabei sein wird, in der Zeit, die vor uns liegt, Ihr Leben nach dem großen Ruf, zu dem Sie berufen sind, auszurichten. Es soll Ihnen helfen, ein guter, starker und mutiger Zeuge in dieser letzten Stunde vor des Herrn Wiederkunft zu sein. Gott wird nicht geehrt, wenn Sein

Volk in Furcht und Sorgen und Niederlagen lebt. So wollen wir statt dessen bis zu Seiner Wiederkunft ein siegreiches Leben führen.

Kapitel eins

Wie ist die Zeit vor uns einzuschätzen?

Ist es nicht packend, in diesen letzten Tagen zu leben? Ich stelle manchmal auf Veranstaltungen diese Frage, und die Reaktion darauf ist beinahe immer dieselbe: Die Menschen zeigen sich froh und rufen „Halleluja".

Aber obwohl sie sich über Jesu Wiederkunft freuen, geht diese Freude in der Realität des Alltags, wo sich ihr eigentliches Leben abspielt, meistens unter.

Warum ist das so? Ich glaube, es liegt vielfach daran, daß die Leute nicht wissen, wie sie diese Freude bewahren und ihr Leben in diesen letzten Tagen richtig gestalten können. Sie werden vor allem in den Massenmedien mit schlechten Nachrichten konfrontiert, und sie lassen sich dadurch niederdrücken und deprimieren.

Wir dürfen jedoch die Ereignisse nicht nur vom natürlichen Standpunkt aus sehen. Die Medien geben ja nicht das ganze Bild wieder: Wir dürfen wissen, daß nichts zufällig geschieht, sondern alles ein Ziel hat und Gott die Weltgeschichte lenkt. Er ist Herr über alles. Das sollte uns froh und glücklich machen, nicht betrübt und depressiv.

Wir sehen also zwei Möglichkeiten vor uns: entweder traurig und ängstlich oder freudig und zuversichtlich zu sein.

Bis zum Ende fröhlich

Stellen Sie sich in Gedanken vor, es würde folgendes geschehen:

Zwei Männer, Jack Smith und Joe Brown, sterben und kommen in den Himmel. Sie waren wiedergeborene Christen, etwa gleich alt und lebten im gleichen Land. Als sie durch die Perlentore eintreten, kommen viele auf sie zu. Sie sehen Noah, Abraham, Sara, David und Jonathan, Ruth, Esther, Petrus, Paulus, Johannes und Maria. Dazu all die anderen großen Persönlichkeiten der Bibel. Auch bedeutende Leute der Kirchengeschichte sind dabei wie Martin Luther, John und Charles Wesley, John Knox, Maria Woodworth-Etter, Aimee Semple McPherson, Kathryn Kulman und viele andere.

Sie alle kommen auf Jack Smith und Joe Brown zu. Noah ist zuerst bei ihnen und bittet sie: „Nun erzählt uns, was jetzt auf Erden alles geschieht. Wie habt ihr gelebt?"

„Ja, sagt es uns", fügt Abraham hinzu, „wir sind gespannt, was ihr zu berichten habt."

Auch die anderen meinen aufgeregt: „Ja, erzählt, was ihr erlebt habt."

Jack Smith beginnt gleich: „Ihr werdet es kaum glauben, wie schrecklich es da unten ist. Die geistliche Dunkelheit ist groß, und die Sünde ist überall auf dem Vormarsch. Durch Krankheit und Abtreibungen sterben viele Tausende.

Die Kriminalität nimmt überhand, Okkultismus und Satanismus sind „in". Familien brechen auseinander: Zwei von drei Ehe enden in Scheidung, die meisten Kinder werden nur von einem Elternteil erzogen.

Unser Planet ist dabei, zugrunde zu gehen. Es gibt kaum noch Wälder, und viele Tierarten sind bereits ausgerottet, und viele weitere sind bedroht. Die Christen erfahren viel Böses: Man belästigt sie und verfolgt sie. Die Medien lästern über sie. Meine Gemeinde hat sich vier-

oder fünfmal gespalten, bis ich schließlich nicht mehr hinging.

Ich kann euch sagen, es ist fürchterlich da unten. Ich bin so froh, daß ich nun dem enthoben bin und mit euch allen hier oben sein darf. Unten auf Erden zu leben, macht wirklich keinen Spaß mehr, das kann ich euch versichern. Es ist nicht mehr so wie zu den Zeiten, als ihr auf Erden lebtet."

Luther und Wesley entgegneten: „Einschüchterungsversuche und Verfolgung haben auch wir erlebt." Die anderen nickten zustimmend.

„Nun ja, mag ja sein, aber sicher nicht in dem Maße wie wir", meinte Jack. „Allerdings gab es auch Evangelisationsbemühungen, z. B. . . ."

Paulus unterbrach ihn, indem er sich an Joe wandte: „Und wie ging es dir? Was hast du zu berichten?"

„Was Jack sagte, stimmt zwar", meinte Joe, „aber er hat nicht alles erzählt. Ich zum Beispiel habe manch Schönes erlebt und viel Freude gehabt."

„Na, dann laß mal hören", forderte ihn Petrus auf. „Weißt du, wir alle hatten das Verlangen, in eurer Zeit zu leben. Wir haben uns nach diesen Tagen gesehnt und haben uns gefragt, wie es wohl sein wird."

„Ja, Petrus, laß nur jetzt den Mann zu Wort kommen", unterbrach ihn Maria sanft.

Joe Brown berichtete dann weiter: „Ja, es stimmt, viele sterben an Aids, und Millionen Babys werden abgetrieben. Aber ich habe auch sehr viel Positives erlebt: Ich konnte erleben, wie viele Leute geheilt und Gebundene aller Arten frei wurden. Wir kümmerten uns auch um die Drogenabhängigen und haben gute Resultate erzielt."

„Wie habt ihr das gemacht?" fragte David.

Joe blickte David an und erklärte: „Wir haben von dir gelernt, daß man auch Riesen überwinden kann. Wir beteten, vertrauten unserem Herrn, gingen hinaus auf die

Straßen und wurden dort tätig. Wir trieben Dämonen aus, heilten Kranke. Viele Leben wurden durch die Kraft Jesu verändert!"

David freute sich: „Das klingt ja so, als ob ich es getan haben könnte." Er wandte sich dann Jonathan zu, der an seiner Seite stand.

„Ich mag diesen Burschen auch", flüsterte Jonathan, „er spricht unsere Sprache!"

Joe Brown fuhr dann fort und erzählte von den Menschen, die er zu Jesus führen durfte, und von seinen Erlebnissen auf kurzen Missionseinsätzen, die er während seines Urlaubs unternahm. Er berichtete von Wundern, die er erlebte, als er Besuche in Krankenhäusern und Gefängnissen machte.

„Wie war es in deiner Gemeinde?" fragte Ruth.

„Gott war am Wirken", erklärte Joe. „Wir begannen mit ungefähr 20 Personen in der Bibelstunde. Im ersten Jahr wuchsen wir schon auf dreitausend Gläubige. Innerhalb von fünf Jahren war ein großer Teil der Stadt bekehrt."

Alle waren angetan von diesem Bericht. Sie stellten Joe Brown noch viele Fragen, während Jack bereits in der Menge verschwunden war.

Diese beiden Männer lebten zur selben Zeit im gleichen Land. Und doch hatten sie zwei ganz unterschiedliche Berichte gegeben. Jacks Perspektive war negativ und ängstlich, die Joes positiv und mutig. Joe war froh, in der Endzeit zu leben. Er sah die vielen Möglichkeiten und brachte sich voll ein.

Ein Mann hat viel für Gott erreicht, der andere nur auf das Ende gewartet. Welchem von den beiden würden Sie gleichen wollen?

Eine einzigartige Zeit, die vor uns liegt

Wir leben in einer besonderen Zeit der Kirchengeschichte. Ich glaube wirklich, daß es die schönste Zeit für
die Gemeinde ist. Seit den Anfangstagen der Gemeinde
gab es keine Generation, die vor solch einer großen Herausforderung und Verantwortung stand.

Die ersten Christen sorgten sich um die Baby-Ge-
meinde, die zu Pfingsten geboren wurde. Das Baby ist älter geworden, und heute ist es so herangewachsen, daß
es als Braut Christi heimgeholt werden kann.

Jesus sagte, daß es Zeichen des Endes seien, wenn
von Kriegen und Kriegsgerüchten geredet wird und wenn
sich ein Volk gegen das andere erhebt und Erdbeben stattfinden. Danach sagt er wörtlich: *„Alles dies aber ist der
Anfang der Wehen"* (Matthäus 24,8).

*„Wir wissen, daß die ganze Schöpfung zusammen
seufzt und zusammen in Geburtswehen liegt bis jetzt"*, erklärt Paulus (Römer 8,22).

Das, was sich heute in der Welt abspielt, sind Geburtswehen. Jede Frau, die Kinder geboren hat, kann erzählen, wie sie diese Zeitspanne des Durchbruchs neuen
Lebens erlebt hat. Schmerzen begleiteten das Wunder der
Geburt, aber das Baby kam schließlich auf die Welt.

Wir leben in einer Zeit großer Veränderungen, in einer Übergangszeit von einer Epoche in eine andere. Wir
müssen wissen, wie wir in dieser Zeit leben müssen, um
siegreich aus ihr hervorzugehen.

Es geht nicht nur um eine Überlebensstrategie: Wir
haben mehr zu tun als händeringend zu warten, bis Jesus
wiederkommt. Wir müssen die Zeit nutzen und überall
Land für Gott einnehmen – bis der große Tag kommt.

Jesus trug den Seinen auf, in aller Welt das Evangelium zu verkündigen und mutige Zeugen zu sein – in Jerusalem, Judäa, Samaria und bis an das Ende der Erde
(Apostelgeschichte 1,8).

Wir sind die Zeugen dieser letzten Zeit. Das ist die Beschreibung unserer Arbeit, und der Herr hat uns alles gegeben, damit dieses Werk getan werden kann.

Gottes Zeit verpassen

Manche Christen gehen nicht auf Gottes Zeit ein. Was meine ich damit? Einfach, daß Leute nicht mitbekommen, wie sie in dieser besonderen Zeit zu leben haben, in dieser Zeit der Geburtsschmerzen. Das, was sie immer getan haben, und die Weise, wie sie es getan haben, funktioniert nicht mehr richtig, aber sie wissen nicht, warum das so ist. So steigen einige aus ihrem Ruf aus und verfangen sich in den Schlingen Satans.

Viele schwangere Frauen gehen zu Schulungen, wo sie mehr über den Geburtsvorgang erfahren und darüber, was sie tun oder nicht tun sollten, um diese Erfahrung für sie und ihr Baby zu erleichtern.

In gleicher Weise müssen Christen erfahren, wie sie nach Gottes Zeitverständnis in dieser Übergangszeit der Gemeinde leben und handeln sollen.

Wenn Sie sehen, daß sich in Ihrem Leben und Dienst einiges ändert, dann sollten Sie nicht den Dingen nachtrauern, die jetzt nicht mehr in Gottes Zeitplan stehen und die Er nicht mehr getan haben möchte.

Es ist dasselbe wie das Erwachsenwerden im natürlichen Bereich. Wir erreichen den Punkt, wo wir bestimmte Dinge einfach nicht länger tun.

Als Kinder taten wir alle mögliche Dinge. Wir freuten uns an ihnen, und für Kinder war das auch angemessen und gut. Aber als wir älter wurden, legten wir Dinge ab, die wir vorher ganz lustig fanden. Und wir vermissen sie auch gar nicht mehr. Wir erinnern uns zwar noch manchmal an die Kindheit, wissen aber: diese Zeiten sind vorbei.

Das ist genau das, was die Gemeinde erlebt: Sie gelangt in einen anderen Zeitabschnitt und läßt dabei bestimmte Dinge hinter sich. Diejenigen, die nicht bereit sind, mitzugehen, können den Anschluß verpassen.

In der Kirchengeschichte ist das immer wieder zu beobachten, und deshalb sollte es uns auch nicht seltsam vorkommen. Es gab immer Menschen, die mit Gott vorangingen und sich so im Fluß der Dinge, die Gott arrangierte, befanden. Aber es gab auch immer jene, die solche Veränderungen abblockten und nicht sensitiv für die Impulse des Heiligen Geistes waren. Das ist mit ein Grund, warum wir heute so viele verschiedene Denominationen haben.

Luther brach mit der etablierten Kirche seiner Tage, und daraus entstand die Lutherische Kirche. Wenn Sie die Geschichte studieren, merken Sie, daß es nie Luthers Absicht war, die katholische Kirche zu verlassen. Er wollte dort bleiben, aber er wurde ausgeschlossen und als Ketzer gebrandmarkt.

Luther erkannte, daß wir aus Gnaden durch den Glauben gerettet werden und nicht aufgrund von Werken (Epheser 2,8-9). Zu jener Zeit aber wurde die Verkündigung, daß der Gerechte durch Glauben lebt, für eine Irrlehre gehalten. Trotzdem hielten sich viele an Luthers Lehre. Obwohl dadurch ihr Leben bedroht war: Sie wollten die Wahrheit, egal, was die etablierte Kirche darüber zu sagen hatte.

Eine andere große Persönlichkeit der Kirchengeschichte war John Wesley. Auch er kam in Konflikt mit der etablierten Kirche, und es wurde ihm verwehrt, in irgendeinem Gotteshaus zu predigen. Die Kirche wollte ihn nicht. So predigte er im Freien, und durch seine Verkündigung wurden viele Menschen gerettet. Aus seinem Dienst entstand die Methodistenkirche.

Heraus aus dem alten Trott

Viele neue Denominationen entstehen, weil Menschen hungrig nach mehr von Gott sind. Sie wollen mit dem Herrn vorangehen, während andere darauf bestehen, in ihrem alten Trott weiterzumachen. Unter denen, die gegen Veränderung sind, gibt es auch viele, die einfach nur ängstlich oder bequem sind. Veränderung bedeutet immer Herausforderung und Umstellung. Viele mögen das nicht. Das Ergebnis ist, daß sie nicht in das einbezogen sind, was Gott tut.

Ich weiß zwar nicht, wie Sie es sehen, aber ich möchte bei denen sein, die mit Gott vorangehen und bei denen Er wirkt. Das bedeutet aber, es nicht immer leicht zu haben.

Manche Leute merken, daß sie Gott nicht mehr so stark dienen wie früher, denn jetzt scheint es schwieriger zu sein als vor zehn Jahren: Es scheint nicht nur schwieriger, es ist schwieriger!

Weil sie nicht Verständnis finden für die Salbung, die der Heilige Geist geben will, gehen viele Leute zurück an einen einfachen, leichteren Platz, an dem sie meinen, während der Endzeit sicher verbleiben zu können.

Christentum ist kein Zuschauersport. Wir dürfen nicht einfach dasitzen, bis die Entrückung kommt. Wenn das unsere Absicht ist, werden wir uns einmal schämen müssen. Ob aus Auflehnung, Teilnahmslosigkeit oder Angst: nur im Sessel sitzen zu bleiben ist Sünde!

Gott braucht heute starke Krieger, Gladiatoren des Geistes. Er schaut nach solchen aus, die bereit sind, in die Arena zu treten und für Seine Sache zu kämpfen.

Eminent wichtig ist das Verständnis dafür, daß es im geistlichen Bereich Veränderungen gibt, auf die wir eingehen und in die wir uns einbringen müssen. Wenn wir mittendrin stehen, ist es nicht mehr so schwierig. Aber wenn wir versuchen, nur sitzenzubleiben, selbst bestimmen oder gar widerstehen zu wollen, wird es schwierig.

Parallelen zwischen dem geistlichen und dem natürlichen Bereich

Christen, die an Wendepunkten der Geschichte standen, haben sich den Herausforderungen gestellt, sind engagiert zu Werk gegangen und haben Sieg durch das Leben im Geist erlangt. In Zeiten großer natürlicher Umbrüche finden meistens parallel große geistliche Umbrüche statt.

Die Pfingstbewegung mit ihrem Aufbruch auf geistlichem Gebiet entfaltete sich vor der und um die Zeit des Ersten Weltkriegs herum. Die natürliche und geistliche Welt wurde verändert.

Einige Jahre später stritt die Kirche darüber, ob und wie die Ätherwellen verantwortlich genutzt werden könnten. Auf der einen Seite standen Modernisten und liberale Kirchen und Denominationen. Auf der anderen die Fundamentalisten, Evangelikalen, Pfingstler.

Gottes Botschaft des Lebens gewann. Viele Anhänger der modernistischen Bewegung wandten sich Jesus zu und wurden gerettet. Aber es gab auch viele, die nicht willens waren, ihre religiösen Traditionen zu verlassen und Gottes Veränderung zu akzeptieren. Heute hört man kaum etwas von ihnen.

Die Heilungsbewegung begann etwa mit dem Zweiten Weltkrieg und hatte ihren Höhepunkt kurz danach. Sie breitete sich damals über Amerika und dann über die Welt aus. Auch hier blieb nichts mehr beim alten, weder im geistlichen noch im natürlichen Bereich.

In den sechziger Jahren fand eine weitere große Erschütterung statt, als die charismatische Bewegung in den verschiedenen Denominationen Fuß faßte. Die sechziger und siebziger Jahre ergaben eine große Seelenernte, besonders in der Hippie-Generation. Es war gleichzeitig eine Zeit großer Rebellion in der natürlichen Welt. Krawalle und Demonstrationen waren an der Tagesordnung. Weitere Turbulenzen gab es durch den Vietnamkrieg.

Und doch: Viele der Christen, die heute in den U.S.A. in Führungsaufgaben stehen, wurden damals, während der Zeit der Jesus People, gerettet.

Bei diesem geschichtlichen Abriß ging es mir darum, deutlich zu machen, daß in der Geschichte immer wieder parallele Umbrüche im natürlichen und im geistlichen Bereich zu verzeichnen sind.

Es gibt auch heute Bewegung

Gott bewegt auch heute Dinge im geistlichen Bereich. Durch diese Bewegung kommt die von Gott gewünschte Veränderung zustande. Aber solche Veränderungen fallen vielen nicht leicht.

Die meisten von uns mögen die Realität der Veränderung nicht. Wir haben bereits eine Vorstellung, wie wir glücklich weiterleben wollen. Aber wir müssen eine positive Haltung zur kommenden Wirklichkeit gewinnen und in ihr mit unserem Glauben wirksam werden. Der Glaube verändert die Realität der Welt zur Realität Gottes. Und Gottes Realität ist immer gut, so daß wir uns vor den Veränderungen, die sie mit sich bringt, gar nicht fürchten müssen.

Manche Christen versuchen so zu leben, als seien sie bereits im Tausendjährigen Reich. Ja, der Herr kommt wieder. Ja, das Millenium kommt. Aber wir sind noch nicht dort.

Die Gemeinde hat noch viel zu tun, ehe das Millenium kommt. Wir müssen das Evangelium weltweit verkündigen und viele Seelen für Jesus gewinnen, bevor die erwähnte Zeit anbrechen kann.

Und dieses Evangelium des Reiches wird gepredigt werden auf dem ganzen Erdkreis, allen Nationen zu einem Zeugnis, und dann wird das Ende kommen (Matthäus 24,14).

24

Natürlich gibt es auch solche, die den Kopf wie ein Vogel Strauß in den Sand stecken und der Welt entfliehen wollen. Aber mit dieser Haltung wird nicht viel für das Reich Gottes erreicht.

Ich wuchs als Pfingstler auf. Als ich ein kleiner Junge war, bekam ich den Eindruck, daß alles, was mit der Endzeit zusammenhing, furchteinflößend war. Als wir über die Trübsalzeit und das Auftreten des Antichristen hörten, rannten wir alle herum und erklärten, daß wir nie das Zeichen des Antichristen annehmen würden. Wir waren voller Schrecken vor der Guillotine, deren Wiedereinsetzung in Aussicht gestellt worden war. Wir sahen einen Film über die Endzeit und haben uns noch lange Zeit geängstigt.

Die Bibel berichtet uns von Gottes Güte, die Menschen zur Buße führt (Römer 2,4). Leider wird oft das, was Jesus Seine Jünger in Matthäus 24 lehrte, in einem falschen Licht gesehen.

Jesu Absicht war es nicht, die Seinen in Furcht zu versetzen. Er will nicht, daß wir uns auf das Negative konzentrieren, obwohl das Negative unzweifelhaft vorhanden ist. Jesus warnt einfach: *„Seht zu, daß euch niemand verführe"* (Matthäus 24,4).

Auch das Gute erkennen, nicht nur das Böse

Jesus wies Seine Jünger an: „Seht zu" oder „Seht euch vor". Er sagt damit, daß Achtsamkeit und Urteilsvermögen gefragt sind. Er geht nicht davon aus, daß die Seinen zwangsläufig von Panik überfallen werden müssen. Heute bekommt man von manchen in unseren Gemeinden den Eindruck, daß sie an einer Neurose leiden: Sie fürchten sich so sehr, in die Irre zu gehen, daß Sie dadurch bereits irregehen. Es geschieht nur anders herum: anstatt daß sie durch andere betrogen werden, betrügen sie sich selbst.

Die Gabe der Geisterunterscheidung kann man mit der Funktion eines Radios vergleichen. Um in den letzten Tagen siegreich zu leben, müssen unsere Empfänger eine Feineinstellung erfahren. Wir brauchen Unterscheidungsvermögen, um richtig deuten zu können, welche Dinge von Gott getan werden und welche nicht.

Wenn manche Leute von Unterscheidung der Geister sprechen, scheinen sie davon auszugehen, daß sich überall Dämonen befinden. Dabei ist es viel wichtiger, die Gegenwart des Heiligen Geistes und der Engel zu erkennen.

Bei der Unterscheidung der Geister geht es nicht darum, im Leben und im Dienst anderer Christen herumzuschnüffeln. Wenn Sie etwas über jemand anders wissen müssen, wird es Ihnen der Geist zeigen, so daß Sie dieser Person wirklich helfen können. Es braucht nicht noch mehr geistliche Schnüffler, die herumspionieren und das Leben und den Dienst der anderen ruinieren.

Ich bin in Pfingstkreisen aufgewachsen und habe mitbekommen, daß viele Gläubige bestimmte Dinge einfach deshalb taten, weil jemand anders sie auch tat. Aber wenn jemand anders etwas tut, bedeutet das noch lange nicht, daß es auch für mich das Richtige ist.

Die früheren Pfingstler taten manches, das anderen seltsam vorkam, aber es geschah unter der göttlichen Salbung und in Erfüllung göttlicher Absichten. Als jedoch ihre Kinder, Enkel und Urenkel heranwuchsen, sahen sie die Handlungsweise und machten sie nach. Da wurde es zur Tradition, und Tradition kann das Wort Gottes überlagern oder gar ungültig machen (Matthäus 15,6).

Wie können wir geistliches Unterscheidungsvermögen bekommen? Das Beste ist es, im Geist zu beten. Das macht uns geistlich sensitiv. Beten im Geist bedeutet, dem zuvorzukommen und entgegenzuwirken, was das Fleisch liebgewinnen will.

Denken Sie aber daran: Obwohl Sie im Geist beten und Sensitivität für Sein Reden entwickelt haben, dürfen

Sie nicht alles, was Ihnen innerlich offenbart wird, an die Öffentlichkeit bringen. Manchmal besteht das einzige, was zu tun ist, darin, über das zu beten, was Ihnen der Geist klargemacht hat.

Sonderlinge

In den Tagen, die kommen, werden alle Sorten von „seltenen Vögeln" an den Dingen Gottes beteiligt sein. Nur weil einige davon abirren, haben wir aber keine Berechtigung, das Kind mit dem Bade auszuschütten und das zu verwerfen, was Gott tut. Es gibt keine Entschuldigung dafür, sich nun aus den Aktivitäten im Reich Gottes herauszuhalten. Wir müssen die Dinge Gottes erkennen und dessen eingedenk sein, daß es immer Menschen geben wird, die vom Weg abkommen und ihre Offenbarungen mißbrauchen, z. B. in bezug auf Heilung, Befreiung, Seelsorge usw.

Worauf richten Sie sich aus: auf die Sonderlinge oder auf das Wort Gottes? Ich für meinen Teil entscheide mich jedenfalls für das Wort!

Nur weil ich auf meinem Rückflug von Asien nach Amerika in Tokio zwischenlande, bin ich noch kein Japaner geworden. Einige Leute werden besondere Gaben des Geistes betätigen und dann falsche Wege gehen. Wenn sie abirren, bedeutet das nicht, daß ich das gleiche tun muß. Nur weil ich mich auf dem Weg mit dem Herrn in der gleichen Gegend aufhalte, macht mich das doch nicht zum Irrläufer.

Wir müssen bedenken, daß neu nicht automatisch spleenig oder spinnig bedeutet. Es werden Dienste aufkommen, von denen die Gemeinde noch keine Vorstellung hat. Sie befinden sich bereits in einem Vorstadium, sozusagen in der Wüste zur Zubereitung, wie es bei Mose auch war. Der Heilige Geist rüstet und bildet aus, und die

Beauftragten werden dann zur gegebenen Zeit mit großem Eifer hervortreten.

Wenn diese neuen Dienste entstehen, sollten wir ihnen nicht gleich mit allem Argwohn begegnen und Verdächtigungen in Umlauf bringen, weil diese Christen die Dinge nicht so tun, wie sie in der Vergangenheit getan wurden. Wir müssen sie nach dem Geist sehen und nicht nach dem Fleisch. Wir müssen diese Unterscheidung in diesen letzten Tagen treffen können, damit wir nicht unbeteiligt bleiben bei dem, was Gott tut.

In Abstimmung mit Gott

Jesus befand sich immer im Zeitplan Gottes, als Er auf Erden wandelte. *„Meine Zeit ist noch nicht da"*, sagte Er (Johannes 7,6). Dann lesen wir aber auch: *„Als nun die Zeit sich erfüllte, daß Er hinweggenommen werden sollte, entschloß Er sich, nach Jerusalem zu gehen"* (Lukas 9,51).

Jesus begab sich nie außerhalb von Gottes Zeitplan. Er ließ es nicht zu, daß andere Ihn mit ihrem Zeitplan bestimmten. Als Ihn einige zum König machen wollten, widerstand Er dem.

Traurigerweise ist es so, daß Menschenlob viele Christen in Schwierigkeiten bringt. Als ich die Lebensbilder von christlichen Persönlichkeiten der Vergangenheit studierte, entdeckte ich, daß viele meinten, daß damit, daß ihnen viele Menschen Anerkennung brachten und Lob zollten, auch Gottes Zustimmung gegeben sei.

Göttliche Zustimmung wird aber im Herzen bzw. im Geist erfahren, ungeachtet dessen, was Menschen sagen oder tun.

Sich keine Sorgen machen

Jesus sagte: *„Ihr werdet aber von Kriegen und Kriegs-gerüchten hören. Seht zu, erschreckt nicht, denn dies alles muß geschehen, aber es ist noch nicht das Ende"* (Matthäus 24,6).

Wenn wir dies lesen, ist unsere natürliche Reaktion, daß wir uns Sorgen machen. Aber wenn Jesus sagt, daß diese Ereignisse kommen werden, sollten wir uns freuen, bedeuten sie doch auch, daß wir dem Ende näherkommen. Man braucht nicht lange, um sich dazu zu entschließen, sich keine Sorgen zu machen. Entschließen Sie sich doch gerade jetzt in Ihrem Herzen durch den Glauben, die Sorgen auf Ihn zu werfen und sie nicht über Sie herrschen zu lassen.

Als Jesus darüber sprach, welch schreckliche Dinge kommen werden, sagte Er: *„Aber es ist noch nicht das Ende"* (Matthäus 24,6). Wir stehen am Anfang vom Ende, aber das Ende ist noch nicht da. Laßt uns deshalb auf Jesu Worte hören und uns keine Sorgen machen. Das Leben in der Endzeit beinhaltet viele Möglichkeiten und Gelegenheiten.

Denken Sie daran, was zum Beispiel vor relativ kurzer Zeit in Osteuropa geschah. Die Berliner Mauer fiel, und die Sowjetunion brach auseinander. Alle waren überrascht. Michail Gorbatschow gilt als einer der entscheidenden Weichensteller, aber daß wir keinen Fehler machen: Nicht Menschen brachten das zustande, Gott tat es, für Ihn war es keine Überraschung!

Als die Öffnung damals geschah, fragten mich die Leute: „Wie ordnen Sie das ein? Was bedeutet das im Licht der Endzeitprophetie?"

Sie wollten ein Konzept, das ihre intellektuelle Neugier befriedigte. Manche wollten wissen, welche bisher übersehenen Verse in Hesekiel oder Daniel oder der Offenbarung eine Erklärung dazu abgaben.

Nun, meine Antwort auf alle ihre Fragen war bestimmt etwas schockierend für sie: „Die große Offenbarung über die Berliner Mauer ist die: Man kann nun ungehindert hinüber und herüber gehen!"

Was ich damit sagen wollte: Es gilt, die Zeit zu nützen. Nun kann man hinter die Mauer gehen, Leute zu Jesus führen, den Menschen wirkliche Freiheit bringen, Kranke heilen. Wir können damit dem Ruf Gottes nachkommen und Seine Pläne dort erfüllen.

Das ist das eigentlich Bedeutende an dem, was sich in Osteuropa ereignete! Das Evangelium kann in den Ländern verkündigt werden, die viele Jahre dafür verschlossen waren. Matthäus 24,14 darf nun in diesem Teil der Welt Erfüllung finden:

„Und dieses Evangelium des Reiches wird gepredigt werden auf dem ganzen Erdkreis, allen Nationen zu einem Zeugnis, und dann wird das Ende kommen" (Matthäus 24,14).

Anstatt daß wir eine Menge Zeit und Energie dafür aufwenden, jede politische Krise zu analysieren und sie in unser Schema der Endzeitprophetie einzuordnen, sollten wir alle diese Dinge als Gottes Tür sehen, mit der Er uns Möglichkeiten eröffnet. Nun ist es Zeit hinzugehen und das Evangelium zu predigen.

Und so geschah es auch bald in Osteuropa: Viele haben sich rufen lassen, als sich die Möglichkeit auftat, dort hineingehen zu können. Tausende wurden gerettet, und die Gemeinden wuchsen.

Wenn sich endzeitliche Geschehnisse ereignen, ist damit nicht selten das Öffnen von Türen verbunden. Wir sind nicht dazu berufen, zu Hause bequem im Sessel zu sitzen, Gebäck zu knabbern und abgestumpft das seichte Fernsehprogramm aufzunehmen. *Nein, ein Christ muß die Weltereignisse dahingehend betrachten, welche Möglichkeiten Gott gibt, das Werk des Evangeliums voranzutreiben.*

Jeder in der Gemeinde sollte dabei sein, etwas für Gott zu tun.

Ein richtiger Glaubensheld

Kürzlich hörte ich von einem jungen Mann, der zu einem Missionskurzeinsatz nach Indien ging. Nun, Indien ist nicht das leichteste Land. Es gibt viele Prediger, die wenig Neigung haben, dorthin zu gehen, weil sie es als geistlich und physisch harten Boden betrachten.

Aber dieser junge Mann entschloß sich, hinzureisen und zu versuchen, etwas für den Herrn zu tun. Das allein mag nicht ungewöhnlich klingen. Es gibt eine ganze Anzahl von Christen, die öfters dort predigen. Aber dieser Mann war insofern anders, als daß er an Muskeldystrophie (einer Ernährungsstörung der Muskeln) litt.

Er und das Team, mit dem er zusammen war, konnten eine Straße entlanggehen, und plötzlich versagten seine Beinmuskeln den Dienst. Er fiel hin und lag im Straßenstaub. Man mußte ihn aufheben und so lange tragen, bis er wieder zu Kräften kam.

Er klagte nie, sondern sah es als Vorrecht an, mithelfen zu können, das Evangelium in Indien zu verbreiten. Er hätte zu Hause bleiben und sich über seinen körperlichen Zustand bemitleiden können, aber statt dessen machte er sich auf und setzte sich ein. Er erwartet Heilung. Aber während er darauf wartet, wagt er es, hinauszugehen und in ein Land zu reisen, wo die meisten von uns niemals mit dem Evangelium hingehen würden.

Solche Leute imponieren mir. Sie sind für mich echte Glaubenshelden. Ungeachtet der Dinge, die auf ihn zukommen konnten, entschloß sich dieser junge Mann mitzuhelfen, daß dort Jesus bekannt gemacht wurde.

Jeder von uns hat Entscheidungen zu treffen. Leben in der Endzeit bedeutet, auch den Urlaub für Jesus einzusetzen und ihn gegebenenfalls auf dem Missionsfeld zu verbringen. Denken Sie an die ewigen Dinge! Selbst wenn Sie es nie zuvor taten, jetzt ist die Zeit, darüber nachzudenken. Es geht um die Ewigkeit. Nehmen Sie jede Gelegenheit wahr, an dem Abenteuer, das Evangelium den Völkern zu predigen, teilzunehmen.

Sie mögen sagen: Aber mir ist es unmöglich, auf das Missionsfeld gehen. Es gibt berechtigte Gründe, warum manche nicht in ein fremdes Land gehen können. Aber selbst unser eigenes Land ist zum Missionsfeld geworden. Viele, die hier leben, befinden sich in kaum glaublicher geistlicher Dunkelheit.

Bekannte Wissenschaftler erklären, daß wir uns in einer nachchristlichen Ära befinden. Ich sage nicht, daß dies zu negativ ausgedrückt ist. Ich wünschte, es wäre nicht so, aber es ist die Wahrheit. Ich wage zu behaupten, daß es Leute gibt, die in der gleichen Straße wie Sie leben, aber noch nichts über Jesu Liebe gehört haben und sich auf dem Weg zur Hölle befinden. Wenn wir Jesus wirklich lieben, werden wir anderen von Ihm erzählen.

Für manche bedeutet das ein ziemliches Opfer. Es mag bedeuten, das traute Heim und den Komfort zu verlassen und sich an die Frontlinien der Welternte zu begeben.

Ein Wettlauf wird durch Laufen und nicht durch Sitzen und Diskutieren gewonnen

Deshalb laßt nun auch uns, die wir eine so große Wolke von Zeugen um uns haben, jede Bürde und die uns so leicht umstrickende Sünde ablegen und mit Ausharren laufen den vor uns liegenden Wettlauf (Hebräer 12,1).

Nur Sie und Gott wissen, was für Gewichte Sie mit sich herumschleppen. Seien Sie ehrlich vor Ihm, Er möchte Sie davon befreien.

Wir befinden uns in der besten Zeit der Gemeinde. Als Großbritannien in den Zweiten Weltkrieg hineinkam, stand Winston Churchill auf und erklärte: „Das wird unsere beste Zeit!"

Ich bin sicher, daß viele Leute anders dachten. Sie befanden sich im Krieg, und es waren schon Bomben auf England gefallen. Dennoch sprach er diese Worte aus, und sie wurden sozusagen zur Parole, an die sich das Volk hielt. Irgendwie konnte Churchill durch diese Worte die Stimmung verändern.

Heute gibt es viele Kriege. Die Mächte des Bösen sind angetreten, und die Ungerechtigkeit nimmt zu. Aber wenn die Sünde überhand nimmt, wird die Gnade noch größer (Römer 5,20).

Ja, es liegen große Herausforderungen vor uns. Und doch: Die Endzeit wird die beste Zeit der Gemeinde sein! Die Gemeinde wird eine herrliche Gemeinde sein: nicht eine Gemeinde voller Frustration und Furcht, der nur daran liegt, dem irdischen Dasein enthoben zu werden.

Die Warnungen, die über die Endzeit vorhanden sind, dürfen uns nicht lähmen oder in Trauer versinken lassen. Wir können freudig in der Endzeit leben, denn wir haben ein großes, lohnendes Ziel. Mitten in schwierigen Zeiten und Kämpfen dürfen wir mit Freuden vorausblicken auf das Ziel.

Kapitel zwei

In der Freude
liegt große Kraft

Freude ist eine Kraft, die Ängste und Sorgen vertreiben kann und uns eine Hilfe ist, siegreich durch Trübsal und Verfolgung zu gehen. Freude ist eine absolute Notwendigkeit für das Leben in der Endzeit. Wenn Freude da ist, kann das Leben in dieser letzten Zeit mitreißend sein. Ohne Freude können wir keine kräftigen Zeugen sein.

Viele Christen haben heute einfach nicht so viel Freude in ihrem Leben und Dienst, wie sie eigentlich haben sollten. Nachdem sie einen Gottesdienst besucht, einer guten Kassette zugehört oder ein inspirierendes Buch gelesen haben, verschwindet die Freude recht bald.

Jesaja 61,3 sagt uns aber, daß der Herr uns Freudenöl statt Trauer und Lobgesang statt eines verzagten Geistes gibt. Die Lobpreiskleider sollen die Kleider der Schwermut und Depression ablösen.

Im Natürlichen ist es nicht immer leicht, Freude zu behalten. Wenn die Situation nicht danach ist, scheint es uns unmöglich. Als Christen können wir trotz widriger Umstände freudig sein, wenn wir den Blick auf den Herrn und die Gnade der Erlösung werfen.

In Habakuk 3,17-18 können wir lesen:

*Denn wenn auch der Feigenbaum nicht zur Blüte
kommt und die Reben keinen Ertrag geben, der
Trieb des Ölbaums fehlschlägt und die Felder
keine Nahrung liefern, das Kleinvieh aus den
Hürden verschwunden ist und keine Rinder mehr
in den Ställen stehen: so will ich dennoch
frohlocken über den Herrn, will jubeln über den
Gott meines Heils.*

Habakuk sagt uns damit, daß wir uns selbst dann, wenn
wir uns in schwierigen Zeiten befinden und Kämpfe
durchstehen müssen, freuen können. Wie auch der Glau-
benskampf sein mag, in den Sie gerade verwickelt sind,
Sie dürfen sich freuen! Sie dürfen wissen, daß der, der in
uns ist, größer ist, als der in der Welt ist (1. Johannes 4,4).
    Jakobus 1,2-3 sagt sogar, daß wir es als Freude er-
achten sollen, in schwierigen Zeiten zu leben. Wie kann
man inmitten von Versuchungen und Trübsalen freudig
bleiben? Sie können freudig bleiben, weil Sie wissen, daß
Gott schlußendlich Sieg gibt!
    Freude gibt uns die Kraft, die wir brauchen, um die
Kämpfe bis zum Ende durchzustehen und den Sieg da-
vonzutragen (Nehemia 8,10).
    In Psalm 51 stehen Verse, die ich besonders liebe:

*Schaffe mir, Gott, ein reines Herz und stelle einen
neuen, festen Geist in meinem Innern her. Verwirf
mich nicht von Deinem Angesicht und nimm Deinen Heiligen Geist nicht weg von mir. Gib, daß ich
mich Deines Heils wieder freue, und rüste mich
aus mit einem willigen Geist (Psalm 51,12-14).*

Wir müssen zu der Freude an der Erlösung zurückfinden.
Es ist die Freude, im Blute Jesu gewaschen und wieder-
geboren zu sein. Es ist die Freude darüber, daß unsere
Namen im Buch des Leben eingeschrieben sind.

Wie wir die Freude bewahren können

Es ist ein Kampf, diese kostbare Freude am Heil zu bewahren. Es soll dem Teufel nicht gelingen, daß er Ihnen, auf welche Art und Weise auch immer, die Freude nimmt.

Daß einige depressive Christen mit saurem Gesicht und ohne Freude herumlaufen, sollte Sie nicht dazu verleiten, sie als Maßstab zu nehmen und in dasselbe Fahrwasser zu gleiten.

Wie können wir unsere Freude bewahren? Indem wir uns an das Heil Gottes erinnern und uns entscheiden, in der Freude daran zu leben, selbst wenn uns gar nicht danach zumute ist – ja ganz besonders dann, wenn wir von den Gefühlen her ganz anders gestimmt sind. Die Gefühle sind nicht die Grundlage. Freude ist nicht primär ein erhebendes Gefühl oder eine Stimmungslage, sondern eine Seinsweise.

Im Glauben können Sie freudig sein. Es geht darum, lieber Gott zu glauben, als unserem Verstand oder unseren Gefühlen. Reißen Sie sich von falschen Vorstellungen los, und tauchen Sie sich ins Wasserbad des Wortes.

> *Im übrigen, liebe Brüder: alles, was wahr ist, alles, was ehrbar, was gerecht, was rein, was liebenswert, was unanstößig ist, sei es irgendeine Tugend oder etwas Lobenswertes, darauf seid bedacht (Philipper 4,8).*

Das ist der Schlüssel, den Freudenpegel konstant zu halten. Wenn eine schlechte Botschaft kommt, fangen Sie nicht an, darüber nachzugrübeln. Gottes Wort will, daß wir über das Gute nachsinnen. Ändern Sie Ihre Denkweise, damit Sie in der Freude wandeln können. In diesen letzten Tagen gibt es viele schlechte Nachrichten, aber die Freude verhindert Bedrückung.

Vergnügen mit Gott

Wir scheinen uns Gott immer nur schweren Herzens zu nahen. Manchmal haben wir wirklich große Lasten und ernste Fragen, die uns ins Gebet treiben, wo die Freude in den Hintergrund tritt. Aber wir können unsere Sorgen dem Herrn abgeben, sie auf Ihn werfen (1. Petrus 5,7).

Dabei haben wir doch allen Grund, uns Gott mit Freuden zu nahen. Aber manchen ist gar nicht klar, wie leicht wir zum Vater kommen können. Sie wissen nicht, daß wir sozusagen auf Seinen Schoß springen und sagen können: „Papa, ich bin gekommen, damit ich etwas Vergnügen bei Dir haben kann."

Vergnügen gehört zu Gottes Wesen. Religion scheint es mit sich zu bringen, daß alles ernst und feierlich, schwermütig und verschlossen zugeht. Aber wir sind zur Freude geschaffen, und jeder von uns hat seine eigene Art Humor. Da wir nach dem Bild Gottes erschaffen sind, muß auch Freude und Humor zu Gottes Wesen gehören.

Und wenn Humor ein Teil des Wesens Gottes darstellt, muß er gut sein. Wenn Sie Sinn für Humor haben, ein Verlangen nach Freude, Fröhlichkeit und Vergnügen, ist das in Ordnung. Das haben Sie vom Vater bekommen, denn alle gute und vollkommene Gabe kommt von Ihm (Jakobus 1,17).

Aber die Freude Gottes ist doch sehr verschieden von der weltlichen Freude. Die Freude der Welt ist von den Umständen abhängig. Aus Sicht der Welt ist es so: Wenn alles gut läuft, ist man glücklich. Aber wenn es schlecht geht, ist man unglücklich. In der Welt gibt es kein dauerhaftes Glück, denn es ist von den äußeren Umständen abhängig.

Kein Vergleich mit echter Christenfreude! Ein Christ kann froh und glücklich sein, ob die Umstände gut oder schlecht oder mittelmäßig sind. In der Gegenwart des Herrn ist Freude die Fülle (Psalm 16,11).

Aber manche Christen leben nicht in dieser wahren Freude und führen keinen fröhlichen Wandel, weil sie keine oder zu wenig Zeit in der Gegenwart des Herrn verbringen. Je mehr Zeit ich bei Ihm bin, desto freudiger werde ich sein. Gleichzeitig fange ich an, die Dinge so zu sehen, wie Er sie sieht.

Freude ist göttliche Medizin

In Sprüche 17,22 steht, daß Fröhlichkeit gut für die Gesundheit ist. Freude ist göttliche Medizin, ist ein Heilmittel für Krankheiten der Seele.

Genauso wie es natürliche Medizin gibt, die gegen bestimmte Krankheiten wirkt, ist Freude eine geistliche Medizin, die gegen die Sorgen des Lebens hilft.

Freude hilft, in Phasen des Wartens – der Zeitspanne zwischen der Bitte im Gebet und der Zeit der Antwort darauf – zuversichtlich zu sein. Ohne Freude werden wir sie als lange, traurige Zeit empfinden. Aber mit der Freude können wir im Glauben und in Geduld warten. Und durch Glauben und Geduld (standhaftem Ausharren) erben wir die verheißenen Heilsgüter (Hebräer 6,12).

Entschließen Sie sich zur Freude

Jakobus macht klar, daß es bei der Freude um einen Entschluß geht:

> *Erachtet es für lauter Freude, meine Brüder, wenn ihr in mancherlei Versuchungen geratet. Ihr erkennt ja, daß die Bewährung eures Glaubens standhaftes Ausharren bewirkt (Jakobus 1,2-3).*

39

Jakobus schreibt hier nicht an die Menschen im allgemeinen, sondern die Anrede lautet: „Meine Brüder." Er schreibt somit an Christusgläubige. Und er weist sie an, die Anfechtungen mit Freuden zur Kenntnis zu nehmen, denn in den Prüfungen kann ihr Glaube zum Einsatz kommen und sich bewähren.

Manche geben auf, anstatt den Widerwärtigkeiten zu trotzen und sie schließlich zu überwinden. Oder sie versuchen, die Probleme zu umgehen, wenn sie sie wegräumen sollten.

Freude bringt die Dinge in die richtige Perspektive. Vom natürlichen menschlichen Standpunkt aus erscheinen uns die Probleme oft sehr groß, aber in der Freude finden wir die rechte Einschätzung, und sie hilft uns, unverzagt vorzugehen und eine Antwort zu finden.

Freude ist Schutz- und Siegeskraft. Das ist der Weg, in dieser Zeit der Konflikte und Kämpfe und der Erfüllung der Endzeitprophetien Überwinder sein zu können.

Die Sorgen müssen fliehen

Aus jeder Versuchung zeigt Gott einen Ausweg (1. Korinther 10,13). Ich glaube, der Ausweg aus Versuchung, Kummer, Sorge, Verdruß und Streß geht über die Freude.

Wenn die Umstände traurig oder unsicher sind, versuchen Sie, das Glückliche und Fröhliche an ihnen zu entdecken. Entschließen Sie sich, fröhlich zu sein, wie die Dinge auch ausgehen mögen. Sogar wenn Sie freudig sind, können Sie sich entschließen, noch fröhlicher zu sein.

Das Lachen der Seele

Wir haben über den großen Unterschied zwischen der Freude des Christen und der Freude der Welt gesprochen.

Freude und Lachen stehen in Verbindung, und doch gibt es ein Lachen, das keine wahre Freude zum Grund hat. Der ungute Bereich des Lachens umfaßt das böse Lachen jener, die unter satanischem Einfluß stehen, und auch das derbe Lachen auf geschmacklose Bemerkungen und schmutzige Witze.

Es gibt aber auch ein fleischliches (seelisches) Lachen, das nicht dämonisch, jedoch auch nicht aus Gott ist. Ich war einmal in einer Gemeinde, deren Pastor ein sehr netter Mensch zu sein schien. Ich hatte einige Zeit mit ihm zu tun. Er lachte oft und tat alberne Dinge.

Ständig erzählte er Witze und spielte Streiche. Es war keine Freude des Geistes, sondern sie war fleischlich. Er fluchte nicht, erzählte auch keine unverschämten Witze, und trotzdem lag er nicht richtig mit seinem Verhalten.

Seine Manieren hatten auch Auswirkung auf seinen Dienst. Einige Leute waren besorgt und wollten ihm zurechthelfen, aber er erwiderte: „O, ich mag einfach nur, daß es fröhlich zugeht." Immer wieder wischte er ihre Besorgnis beiseite. Schließlich kam es wegen seiner fleischlichen Einstellung zu einer Spaltung der Gemeinde.

Wir alle sollen fröhlich sein, aber wenn wir ständig Scherze machen und albernes Geschwätz im Mund führen, wird es die Sensitivität unseres Geistes beeinträchtigen. Uns werden dann die Dinge entgehen, die Gott zu unseren Herzen sprechen will. Seien Sie also achtsam. Sie können die Balance halten, wenn Sie sich nach Ihrem inneren Frieden des Herzens richten.

Freudenräuber

Es gibt Räuber der Freude, genauso wie es Räuber des Glaubens, des Friedens und der Zuversicht gibt. Wenn Sie stark im Herrn sein wollen, müssen Sie Ihre Freude behalten.

Räuber Nr. 1: Verwurzelung im Irdischen

Die Verwurzelung im Irdischen ist ein großer Freudenräuber. Das Leben hier auf Erden dauert nur eine kurze Zeit. Die Bibel sagt uns, daß für uns ein Erbe im Himmel bereit liegt (Hebräer 11,10). Manchmal sind wir zu sehr an die irdischen Belange gebunden. Wir müssen uns von den irdischen Sorgen ausklinken und uns im Himmel einhaken, wo unser wahres Zuhause ist (Kolosser 3,1-2).

Jesus warnt uns davor, das Herz mit den Sorgen dieser Welt zu belasten. Das hält uns davon ab, für Seine Wiederkunft bereit zu sein (Lukas 21,34). Im Gleichnis vom Sämann zeigt uns Jesus, daß die Sorgen des Lebens einen Christen daran hindern können, Frucht der Gerechtigkeit zu entwickeln (Markus 4,3-9). Ohne die Freude, die aus Seiner Gegenwart kommt, kann es leicht dazu kommen, daß die Welt und ihre Sorgen Sie davon abhalten, irgend etwas von ewigem Wert zu erreichen.

Räuber Nr. 2: Falsche Einschätzung von Schwierigkeiten

Ja, es gibt harte Zeiten für Christen. Leider wird manchmal gelehrt, daß dann, wenn Schwierigkeiten entstehen, irgend etwas mit unserem Glauben nicht stimmt. Das ist falsch, denn meistens ist das nicht der Fall.

Oft kommen diese schweren Zeiten durch den Widersacher, denn er kommt, um zu beunruhigen, zu behindern, zu zermürben. Wir sind diesen Versuchungen und harten Zeiten nicht einfach dadurch enthoben, daß wir Gotteskinder sind.

Schauen wir uns Paulus an. Er war ein großer Glaubensmann. Aber er wurde gesteinigt, geschlagen, beraubt. Trotzdem hörte er nicht auf, Gott zu loben. Er fand es nicht ungewöhnlich, daß er durch solche bösen Zeiten ging. Er schloß daraus nicht, daß es ihm an Geistlichkeit

mangelte. Nein, er sah es als Ehre an, diese Schwierigkeiten durchzumachen und verfolgt zu werden.

> *Geliebte, laßt die Feuerglut der Leiden, die zur*
> *Prüfung über euch ergeht, nicht befremdlich auf*
> *euch wirken, als ob euch damit etwas Unbe-*
> *greifliches widerführe, sondern freut euch dar-*
> *über in dem Maße, wie ihr an den Leiden Chri-*
> *sti Anteil bekommt, damit ihr auch bei der Of-*
> *fenbarung Seiner Herrlichkeit euch freuen und*
> *jubeln könnt (1. Petrus 4,12-13).*

In den Tagen, die vor uns sind, wird es nicht ohne
Schwierigkeiten abgehen. Der Teufel weiß, daß er wenig
Zeit hat, und setzt alle Hebel in Bewegung. Wir sollten
vorbereitet sein auf Kämpfe. Aber lassen wir uns durch
diese Kämpfe nicht unsere Stärke rauben: unsere Freude!

Räuber Nr. 3: Nörgelei

Herummäkeln raubt ebenfalls die Freude. Die das ständig tun, werden zu engstirnigen Leuten, die immer mit
Kritik bei der Hand sind, wenn irgendeiner etwas versucht.

„Ich mag die Art, wie der Pastor lacht, nicht. Sie geht
mir einfach gegen den Strich", sagen sie. „Die Frisur des
Chorleiters gefällt mir überhaupt nicht." „Die Parksitua-
tion vor der Kirche macht mich noch wahnsinnig." Sie
verlassen schließlich die Gemeinde, und manchmal auch
den Herrn, wegen ihrer ichbezogenen, richtenden Haltung.

Ich habe viele Entschuldigungen gehört, die Leute vor-
bringen, um ihre Haltung zu rechtfertigen. Aber was macht
es denn aus, wie jemand das Haar kämmt oder wie er
lacht? Nichts. Das alles ist unbedeutend. Lassen Sie sich
nicht durch Herummäkeln die Freude am Herrn rauben.

Die Freude hilft uns, die Hingabe an das Werk Gottes zum Vergnügen werden zu lassen, selbst wenn das Fleisch uns sagt: „Das ist alles andere als ein Vergnügen." Ich zum Beispiel bin viel auf Reisen, und mein Fleisch hat die Flugzeuge, die Hotelzimmer, die Bedienungen und die rauchigen Restaurants satt.

Zu Hause habe ich ein schönes Zimmer und ein gutes Bett. Deshalb packt mich, wenn ich unterwegs bin, nicht selten das Verlangen, zu Hause zu sein, im eigenen Bett zu schlafen und das zu essen, was ich liebe.

Nun, mein Fleisch könnte mir ständig zurufen, in welch schlechter Lage ich bin, aber ich lasse das nicht zu. Ich befehle ihm zu schweigen. Und dann freue ich mich, dort zu sein, wo ich mich gerade befinde – ob auf einer Strohmatte in einem Dorf, einer ausziehbaren Couch in einem Pastorenzimmer oder in einem fein ausgestatteten Hotelzimmer. Der Entschluß, mich an diesen Dingen zu erfreuen, macht die Hingabe an meinen Ruf und Dienst zum Vergnügen.

Herumreisen sehen einige, die nicht viel auf Achse sind, als reines Vergnügen an. Manche Geschäftsreisende sind hingegen an den Punkt gekommen, daß sie auf ihr großes Einkommen verzichten, nur um nicht mehr reisen zu müssen. Mit dem Reisen ist es wie mit vielem anderen: Mit der Zeit bekommt man genug davon.

Was Sie auch tun: echte Lebensfreude beinhaltet den Entschluß, dem Fleisch abzusagen und sich der Dinge Gottes zu erfreuen. Ich fasse den Entschluß, mich in der Situation, in der ich stehe, auf die ewigen Dinge zu besinnen und denke über das Gute nach (Philipper 4,8).

Personen, die keine Freude haben, empfinden den Zug des Fleisches viel stärker. Sie meinen manchmal, sie sollten die Sache mit Gott ganz aufgeben. Weltliche, fleischliche Lüste scheinen mehr zu versprechen als die geistlichen Dinge, die wir in Gott haben. Das Fleisch versucht, das Verlangen des Geistes zu unterdrücken.

Wenn Ihr Verlangen nach Karriere, Geld und materiellem Besitz geht, bestimmen diese Gedanken Ihr Leben. Wenn Sie aber Ihre Neigungen auf die himmlischen Dinge richten, gehen Ihre Gedanken nach oben, und Geist und Sinn werden auferbaut. Nur so werden Sie wirklich glücklich.

Der Zug der Welt und des Fleisches wird in diesen letzten Tagen immer stärker werden. Sie müssen stark in der Freude des Herrn sein, um diesem Ziehen zu widerstehen.

Räuber Nr. 5: Dämonische Aktivitäten, die gegen Sie gerichtet sind

Als sich Paulus und Silas in Philippi aufhielten, folgte ihnen ständig eine Magd, die einen Wahrsagegeist hatte. Schließlich wurde es Paulus zuviel, und er trieb den Dämon im Namen Jesu Christi aus (Apostelgeschichte 16,16-24).

Man könnte nun annehmen, daß alle froh waren, daß dieses Mädchen Befreiung erfuhr. Aber es kam ganz anders: Die zwei Gottesmänner wurden geschlagen und ins Gefängnis geworfen.

Und das kam daher, daß die Herren der Magd, die den Wahrsagegeist hatte, keine Geschäfte mehr machen konnten. Sie stachelten andere Leute auf, und sie beschuldigten zusammen Paulus und Silas der Predigt gegen die Obrigkeit.

Wahrscheinlich sind Sie nie um Ihres Glaubens willen geschlagen worden, höchstens vielleicht innerlich durch Worte und Taten, durch Ablehnung usw.

Aber Paulus und Silas wurden wirklich geschlagen und ins Gefängnis geworfen. Aber selbst dort beteten sie und sangen Gott Loblieder. Wenn die beiden die Freude behielten, obwohl ihre Rücken bluteten, sollte es uns mit unseren verhältnismäßig harmlosen Leiden auch möglich sein.

Paulus und Silas sangen laut, so daß die anderen Gefangenen es hören konnten (Apostelgeschichte 16,25). Sie waren offensichtlich inständig im Lobpreis und Gebet. Wenn uns diese Inbrunst fehlt, wenn die harten Zeiten kommen, wird es für uns schlecht möglich sein, den Teufel und das Fleisch zu überwinden.

Inständiges Gebet und Singen bringt Kopf und Leib in Übereinstimmung mit dem Geist. Ihr Geist weiß das Richtige zu tun. David, vom Geist inspiriert, sagte: *„Preise den Herrn, meine Seele"* (Psalm 103,1).

Sich im Herrn stärken

David wußte: Wollte er die Freude am Herrn bewahren, mußte er sich im Herrn stärken. Echte Freude ist nichts Aufgesetztes, sondern sie kommt von innen heraus, kommt vom Herrn.

Es ist fast so ähnlich wie beim Füllen einer Wasserpumpe, bevor man sie in Tätigkeit setzt. Früher, ehe man im Haus fließendes Wasser hatte, besaß man eine Handpumpe, mit der man Wasser im Brunnen hoch- und in einen Eimer pumpen konnte. Damit diese Pumpe aber funktionierte, mußte man sie zuerst mit etwas Wasser füllen. Man tat also das Wasser in die Pumpe, betätigte den Pumpenschwengel, und ehe man sich versah, begann das Wasser zu fließen. Es mag sich da unten eine Riesenmenge Wasser befunden haben: wenn man nicht zuerst die Pumpe auffüllte, kam kein Wasser hoch.

Jesus sagte, daß das Wasser, das Er zu trinken gibt, ein Wasser (eine Quelle) ist, das zum ewigen Leben fließt. Die Freude am Herrn ist so eine Art Wasserbrunnen. Aber erst muß auch hier die Pumpe gefüllt werden, damit das Wasser fließen kann. Wenn wir uns im Herrn stärken, komprimiert Er die Freude in uns, sie kommt nach oben und fließt heraus.

Wenn Sie es lernen, den Herrn zu loben und zu preisen, auch in schwierigen Lebenssituationen, wird Gott, bildlich gesprochen, die Gefängnistore öffnen und die Ketten sprengen. Freude, die vom Geist Gottes fließt, ist eine kräftigende Quelle und befreiende Macht.

Wir brauchen die Pumpe der Freude nicht mehr aufzufüllen, wenn wir im Himmel sind. Nein, hier unten auf Erden müssen wir es tun. Wenn Sie sich im Herrn stärken, wird die Freude aufkommen und stärker und stärker werden.

Und wenn Sie dann in der Freude sind, werden Ihnen die Worte und Taten der Leute, die gegen Sie gerichtet sind, nicht mehr so viel ausmachen. Selbst der Teufel sieht nicht mehr so unüberwindlich aus, wenn die Freude am Herrn unsere Stärke ist.

Sie können lebensfroh und getrost sein, wenn Sie in Problemen stecken, denn Sie werden beobachten, wie Gott alles zum Guten lenkt. Wenn Sie in Verfolgungen freudig und glücklich sind, ist Gott Ihnen nahe, denn Sie handeln im Glauben. Der Apostel Paulus schreibt:

Das Reich Gottes besteht ja nicht in Essen und Trinken, sondern in Gerechtigkeit und Frieden und Freude im Heiligen Geist (Römer 14,17).

Gott gab uns die Möglichkeit, vergnügt zu sein, zu lachen und uns des Lebens zu erfreuen. Freude ist ansteckend, lassen Sie sie uns verbreiten.

Manche Leute meinen, Christsein bedeute, immer ernst zu sein. Das ist wenig anziehend, weder für die Mitmenschen noch für Gott. Die Dämonen möchten, daß Sie immer traurig-ernst sind – die falsche Art Ernsthaftigkeit. Aber echte Christenfreude irritiert den Teufel. Wenn er es nicht fertigbringt, Sie mit Sorgen zu beladen, in Furcht oder Wut zu versetzen oder depressiv zu machen, hat er keine Freude. Entschließen Sie sich, dem Teufel keine Freude zu bereiten.

Denken Sie daran: Freude ist ein Entschluß. Wenn harte Zeiten kommen, stehen Sie vor einer Entscheidung: den Weg der Traurigkeit und Betrübnis zu gehen oder den Weg, der alles für Freude erachtet. Jedesmal treffen Sie eine Entscheidung zur Freude oder Traurigkeit. Sie werden finden, daß es Ihnen leichtfällt, die Freude zu wählen, wenn Sie sich dazu entschlossen haben, in Übereinstimmung mit dem Heiligen Geist und nicht mit dem Teufel zu sein.

Freude ist Öl in Ehe und Freundschaft. Wie das Öl in einem Motor hilft die Freude, daß alles gut läuft. Paulus schrieb den Philippern: *„So freue ich mich und freue mich mit euch allen. Ebenso aber freut auch ihr euch, und freut euch mit mir"* (Philipper 2,17-18). Ich denke jetzt an einige Gemeinden, in denen ich predigte. Ich konnte es kaum erwarten, wieder zu ihnen zu kommen. Wo ein Geist der Freude ist, hat man einen guten Gottesdienst.

Wenn die Freude durchbricht

Schauen wir Jesaja 52,9 an:

> *Jubelt vor Freude, ihr Trümmer Jerusalems, denn der Herr hilft Seinem Volk, Er befreit Jerusalem.*

Das ist eine Aufforderung. Lassen Sie sich Ihre Freude nicht nehmen, indem Sie dem Fleisch zuviel Gewicht beimessen. Freude ist ein Lebenselement, wenn man im

Geist und nicht im Fleisch wandelt.

Zwar mag es Ihnen manchmal schwierig vorkommen, freudig und fröhlich zu sein, aber besinnen Sie sich der Taten Gottes, dann wird es leicht.

Schämen Sie sich auch nicht vor anderen, fröhlich zu sein. Manche Christen sind so religiös, daß sie meinen, sie müßten immer mit ernster, zitronensaurer Miene herumlaufen. Sie verwechseln Ernst mit Geistlichkeit.

Am Anfang meines Dienstes beklagten sich auch manche bei mir: „Du mußt ernster werden, Roberts. Bei dir sieht es aus, als sei alles ein Vergnügen."

Wir können vergnügt die Werke Jesu tun. Wir können viel Freude und Vergnügen in unseren Gottesdiensten haben. Die Leute werden merken, daß die Gemeinde nicht aus „Kühlschränken" besteht.

Freude stillt Bedürfnisse

Freude hilft, verwundete Herzen zu heilen. Menschen kommen mit Verletzungen und Nöten in die Gemeinde. Wenn sie keinerlei Glück und Freude finden, werden sie nicht die geistliche Hilfe bekommen, die sie brauchen.

Ich schaue meine Generation an und denke: Es ist kein Wunder, daß viele von ihnen nicht in eine Kirche gehen wollen. Es herrscht keine Freude dort, es ist kein Vergnügen, dort zu sein. Wenn man den Leuten nicht abspüren kann, daß sie glücklich darüber sind, Gotteskinder zu sein, gibt es wenig Anziehungskraft.

O ja, es gibt ernste Dinge, Zeiten der Führung und Warnungen Gottes, wo der Schwerpunkt nicht auf der Freude liegt. Aber das ist kein Dauerzustand. Die Freude muß wieder aufkommen und durchbrechen, und es sollte auch immer wieder Zeiten des Jubelns vor dem Hern geben – ohne alle fromme Zurückhaltung.

Man kann sich aus Verletzungen herausbeten, aber auch herauslachen. Wir sollten offen sein für diese Heilungsart als Gebetsantwort. Manchmal weinen und lachen Leute gleichzeitig, aber danach sind sie frei.

Lassen Sie mich noch einmal David zitieren:

> *Gib, daß ich Deiner Hilfe mich wieder freue, und rüste mich aus mit einem willigen Geist! Dann will ich die Übertreter Deine Wege lehren, und die Misstäter sollen sich zu Dir bekehren (Psalm 51,14-15).*

König David wußte, daß Freude notwendig war, die Übertreter auf den Weg des Herrn zu führen. Ich freue mich, im Dienst zu stehen. Es macht mir Vergnügen, Jesus zu dienen. Das kann auch bei Ihnen so sein.

Die Art Vergnügen, die ich meine und die göttlich ist, kommt aus einem hingegebenen Herzen. Geistliches Vergnügen zu haben bedeutet nicht, daß man ernste Angelegenheiten einfach ignoriert oder übergeht, aber man weiß um die Freude im Herrn und ist sich bewußt, daß die Freude an weltlichen Dingen nicht an sie heranreicht.

Auch wenn die Umstände sehr schwer sein mögen, die Freude kommt aus dem Verständnis, daß Sie bereits den Sieg haben – ist das kein Grund zur Freude?

Diejenigen von uns, die in diesen Endzeiten leben, werden merken, daß das Leben herausfordernd und spannend und auch mit Freude und Vergnügen verbunden ist.

Kapitel drei

Ausdauer ist nötig,
um bis zum Ziel durchzuhalten

Ein Läufer bekommt die sogenannte zweite Luft, wenn
es in die letzte Runde geht und das Ziel vor Augen ist.

Gott gibt uns auch so eine zweite Luft, einen extra
Schub, wenn es in die Endzeit geht. Es ist ein zusätzli-
cher Zufluß an Kraft, eine besondere Salbung, die uns befähigt, die Strecke bis zum Ziel durchzustehen.

Früher hat mich das Wort *Ausdauer* immer abge-
schreckt, weil ich damit die Vorstellung verband, daß
man sich dabei unheimlich anstrengen mußte. Und wenn
man es nicht schaffte, war man bei der Entrückung nicht
dabei.

Heute sehe ich es anders: Ausdauer ist ein gutes Wort,
ja ein gesegnetes Wort. Ich sehe die positive Seite: Es bedeutet, mutig, unverzagt und kräftig für den Herrn tätig
sein zu können. Endzeitliche Verantwortung erschöpft
sich nicht in untätigem Warten und Bangen, bis die Entrückung kommt. Ich glaube, wenn Jesus uns mitnimmt,
werden wir nicht stammeln: „O, das war überfällig, endlich heraus aus diesem Kuddelmuddel, wir hätten es
keine Minute länger ausgehalten." Ich glaube, daß die
endzeitliche Gemeinde eher sagen würde: „Herr, gib uns
noch mehr Zeit um des Evangeliums willen. Noch ein

paar Tage, Wochen, Monate, Jahre. Wir wollen noch mehr Seelen für Dich gewinnen."

Jesus sagt, wer bis zum Ende ausharrt, wird gerettet werden (Matthäus 24,13). Geistliche Ausdauer ist keine Schinderei, sondern Weitergehen in der Ermutigung des Heiligen Geistes.

Heilige Kühnheit läßt erfolgreich durchhalten

Als Paulus und Silas im Gefängnis waren, priesen sie Gott so laut, daß die anderen es hören konnten. Kraft und Mut floß ihnen im Gebet und Lobpreis zu.

Der Zweifel hat nur eine schwache Stimme, der Glaube jedoch einen eingebauten Lautsprecher. Paulus und Silas waren nicht aufgebracht oder schrien verzweifelt in ihrer schlechten Lage. Sie waren auch nicht dabei, Pläne zu schmieden, wie sie herauskommen könnten. Sie harrten in Glauben, Kraft und Zuversicht aus.

Große Situationen erfordern große Kühnheit. Deshalb ruft der Geist das Volk Gottes jetzt zu größerer Aggressivität und zu mehr Eifer auf. Fleischliche Christen werden sich zurückziehen wegen der geistlichen Intensität, die in diesen Tagen herrscht. Sie kommen nicht zurecht mit den eindringlichen Gottesdiensten, Predigten und inständigen Gebeten in den letzten Tagen.

Fleischliche Christen werden dem Wort des Herrn, das ergeht, widerstehen, denn es paßt nicht in ihre religiöse Tradition. Es ist ihnen zu extrem. Religiöser Anstrich reicht in dieser Zeit nicht aus, es braucht Leute, die mit Gott vorangehen. Es wird hart werden für jene, die lauwarm bleiben wollen.

Ich kenne deine Werke, Ich weiß, daß du weder kalt noch heiß bist. O, daß du kalt oder heiß

*wärest! So aber, weil du lau bist und weder heiß
noch kalt, will Ich dich aus Meinem Munde ausspeien (Offenbarung 3,15-16).*

Das Wort „ausspeien" bedeutet wörtlich „erbrechen". Das
ist kein schönes Bild. Kein Christ wird sich wünschen,
aus Gottes Mund ausgespien zu werden.

In 2.Thessalonicher 2,3 wird vom „Abfallen" gesprochen. Wenn Christen sich zu sehr in die natürlichen
Dinge des Lebens verstricken und nicht loslassen, besteht
diese Gefahr. Sie bewegen sich dann nicht mehr im Bereich des Geistes.

Wir müssen zu der Weise zurückfinden, wie die Jünger der Frühgemeinde vom Geist her ihre Aktivitäten bestimmen ließen. Sie waren ganz dem Evangelium hingegeben. Sie waren gegenüber sich selbst tot und Christus
gegenüber lebendig. Wie Johannes sagte: *„Er muß wachsen, ich aber abnehmen"* (Johannes 3,30).

Jesus macht warnend darauf aufmerksam, daß in vielen die Liebe erkalten wird (Matthäus 24,12). Einige der
streßgezeichneten und ausgebrannten Christen unserer
Tage befinden sich in dieser Gefahr. Bei ihnen macht sich
geistliche Teilnahmslosigkeit breit. Aber diejenigen, die
die Liebe nicht erkalten lassen, werden auch bis zum
Ende durchhalten.

Was müssen wir durchstehen?

Geistlich auszuharren bedeutet, auch unter Betrübnis und
Leid den Mut nicht zu verlieren. Dem Apostel Paulus
wurde arg zugesetzt: Drangsal, Nöte, Ängste, Schläge,
Gefängnis, Tumulte usw. (2. Korinther 4,17;6,4).

Und doch spricht Paulus von einer „leicht wiegenden
Last". Wenn das leicht war, was er erlebte, dann brauchen wir wirklich nicht zu jammern. Paulus erfuhr aber,

daß durchgestandenes Leid ungeheure Freude brachte (Philipper 2,17-18).

Die Freude hilft uns, die Widerwärtigkeiten des Lebens zu ertragen, ob sie nun leichterer oder schwererer Art sind. Wenn Ihnen Leid zustößt, sollten Sie nicht aufgebracht sein und sich im Stich gelassen fühlen. Denken Sie daran, daß dem Herrn nichts verborgen ist und daß Er um Ihr Ergehen weiß.

Anweisungen für den Lauf

Wir haben einen Wettkampf vor uns.

> *So wollen denn auch wir, da wir uns von einer solchen Wolke von Zeugen umgeben sehen, alles, was uns beschwert und die uns so leicht umstrickende Sünde ablegen und mit standhafter Ausdauer in dem uns obliegenden Wettkampf laufen (Hebräer 12,1).*

Wir müssen den Wettlauf, der uns verordnet ist, durchlaufen, um das Ziel zu erreichen. Der Schreiber des Hebräerbriefs gibt uns dazu folgende Anweisungen:

*1. Wir sollen das, was uns beschwert,
und die Sünde ablegen.*

Es sind nicht immer die augenfälligen Lasten oder die offensichtlichen Sünden, die uns abhalten, den Lauf durchzustehen. Wenn wir von Sünde sprechen, denken viele vor allem an Sünden des Fleisches: zu viel essen, trinken, Drogen nehmen, zuviel vor dem Fernseher sitzen, neiden, stehlen, aber auch Ehebruch und Mord. Doch können auch verstohlene Sünden und Dinge, die wir als

54

geringfügig ansehen, echte Hindernisse in unserem geistlichen Leben sein. Manchmal brauchen wir die Offenbarung des Heiligen Geistes, damit uns klar wird, daß etwas Sünde ist.

Eine Sünde mag mangelnder Eifer oder Einsatz in geistlichen Dingen sein. Richten Sie Ihre Neigungen auf die ewigen Dinge und nicht auf die Dinge der Welt (Kolosser 3,2).

2. Wir sollen das Rennen mit Ausdauer laufen.

Wenn wir den Lauf in diesen letzten Tagen bewältigen wollen, dürfen wir uns nicht wie Sprinter verhalten, also nicht als solche, die ihr Tempo auf eine kurze Strecke einstellen. Wir müssen in steten, geduldigen Schritten vorangehen. Egal, wie schnell die Gangart der äußeren Welt sein mag, wir müssen unser Schrittempo nach dem inneren Zeugnis des Heiligen Geistes ausrichten.

Wir rühmen uns sogar der Trübsale, weil wir wissen, daß die Trübsal standhaftes Ausharren wirkt (Römer 5,3).

Laßt uns aber nicht müde werden, das Rechte zu tun, denn zu seiner Zeit werden wir ernten, wenn wir nicht ermatten (Galater 6,9).

Denn standhaftes Ausharren tut euch not, damit ihr nach Erfüllung des göttlichen Willens das verheißene Gut erlangt (Hebräer 10,36).

Eben deshalb wendet aber auch allen Fleiß auf und reicht in eurem Glauben die Tugend dar, in der Tugend aber die Erkenntnis, in der Erkenntnis aber die Enthaltsamkeit, in der Enthaltsamkeit (oder: Selbstbeherrschung) aber das Ausharren, in dem Ausharren aber die Gottseligkeit (2. Petrus 1,5-6).

Auf Jesus ausgerichtet

Beim natürlichen Lauf sind Gedanken und Körper des Laufenden ganz auf das Ziel ausgerichtet, wenn er in die letzte Runde geht. Er trottet nicht unschlüssig oder halbherzig dahin. Er schaut nicht die Landschaft an oder in die Zuschauerränge, ob er da ein bekanntes Gesicht entdecken kann. Nein, er ist ganz auf den vor ihm liegenden Zieleinlauf konzentriert, denn er möchte gewinnen.

Wenn wir bis zum Ende durchhalten wollen, müssen wir immer auf das Ziel ausgerichtet sein, wo Jesus mit der Krone des Lebens auf uns wartet.

> *Indem wir dabei hinblicken auf Jesus, den Anfänger und Vollender des Glaubens, der um den Preis der Freude, die Ihn als Siegeslohn erwartete, den Kreuzestod erduldet und die Schmach für nichts geachtet, dann sich aber zur Rechten des Thrones Gottes gesetzt hat (Hebräer 12,2).*

Es wird natürlich Leute geben, die gar nicht erkennen, daß es Endzeit ist. Sie werden im gleichen Stil weitermachen und weiter so fleischlich sein, als ob das alles gar nicht so wichtig wäre. Sie werden nicht den geistlichen Mumm haben, das Rennen zu Ende zu führen.

Es wird auch Menschen geben, die sich aus Unwissenheit, Neid oder Angst gegen die Aktivitäten der Gemeinde stellen. Durch sie können wir abgelenkt werden. Wir sollten jedoch unsere Energie nicht dazu verbrauchen, uns auf sie auszurichten.

Wieder andere richten ihren Blick auf die Lebensumstände und auf die negativen Dinge, die sie umgeben. Wenn wir aber aufhören, auf den Herrn zu blicken und statt dessen auf die Wellen schauen, die um uns herum wogen, werden wir versinken wie Petrus (Matthäus 14,30).

Vor Jahren waren viele Gläubige von Büchern eingenommen, die die Entrückung auf einen ganz bestimmten Zeitpunkt voraussagten. Manche ließen sich durch diese falsche Lehre irreführen, und die Welt hatte ihren Spott: Diese Christen hatten sich in Schulden gestürzt, weil sie dachten, daß sie in Kürze sowieso nicht mehr hier sein würden. Das war der Welt ein schlechtes Zeugnis!

Als das geschah, fragte ich den Herrn wegen dieser Bücher. Die Gläubigen, die dieser Lehre Glauben schenkten, standen wirklich in der Erwartung, daß die Entrückung kommen würde. Deshalb bekümmerte es mich sehr, und ich konnte es nicht verstehen, daß sie sich betrügen ließen. Der Herr sagte mir, daß es Angst war, die diese Leute gepackt hatte. Sie hatten keine Geduld und sahen keinen Sinn, weiter auf Erden zu sein. Sie wollten allem entfliehen und die Schwierigkeiten hinter sich lassen.

Natürlich sind wir glücklich, wenn wir merken, daß wir mit Jesus zusammentreffen und dann in alle Ewigkeit bei Ihm bleiben dürfen. Jeder Christ schaut erwartungsvoll nach diesem Ereignis aus. Das ist nicht falsch. Aber diese Leute ließen es zu, sich von Lehren vereinnahmen zu lassen, die ihr Verlangen, die Erde möglichst bald zu verlassen, auf falsche Weise unterstützten.

Sie waren angetan von dem Gedanken, nun nicht mehr die Verantwortung auf sich nehmen zu müssen, die das Hierbleiben erforderte. Sie wollten nicht Glauben und geistliche Charakterstärke dadurch entwickeln, daß sie weiter den Nöten und Versuchungen des Alltags ausgesetzt wurden. Sie nahmen diese Lehre an und entschlossen sich damit, nicht mehr weiterzulaufen.

Wer keinen Sinn in seinem Dasein entdeckt, sieht wenig Grund, hierzubleiben. Nach ihrer Lehre bestand der einzige Sinn der Gemeinde darin, zu warten, daß sie entrückt wurde.

Schwierigkeiten sind normal

Christen in China, Nepal und der Sowjetunion hatten in diesem Jahrhundert schon viel an Trübsal und Verfolgung zu erleiden. Gefängnis, Folter und Tod waren in diesen Ländern lange Zeit das Los der Christen. Das war für sie Normalität.

Von den Tagen der ersten Gemeinde an werden wir darauf hingewiesen, daß Schwierigkeiten – oder Verfolgung – für Christen das Normale sind.

> *Dies habe Ich zu euch geredet, damit ihr in Mir Frieden habt. In der Welt habt ihr Bedrängnis (oder: Not, Angst), doch seid getrost: Ich habe die Welt überwunden (Johannes 16,33).*
> *Sie stärkten überall die Herzen der Jünger, ermahnten sie zu festem Ausharren im Glauben und wiesen sie darauf hin, daß wir durch viele Leiden in das Reich Gottes eingehen müssen (Apostelgeschichte 14,22).*

Wir sind Fremdlinge im System, in der Kultur und im Wesen der Welt. Der Gott dieser Welt ist nicht unser Gott (2. Korinther 4,4). Darum haben wir Trübsal hier auf Erden. Aber unser Gott ist trotzdem der Herr über die ganze Schöpfung.

Jesus kommt nicht zurück, um eine ängstliche Braut abzuholen, sondern eine glückliche Braut – eine herrliche Gemeinde, ohne Flecken und Runzeln (Epheser 5,27).

Wenn geistlicher Kampf oder Verfolgung beginnt, meinen einige Christen sagen zu können: „Nun gut, so ist es eben hier unten. Ich will aber damit nichts mehr zu tun haben, ich gehe irgendwo anders hin."

Ich denke an das, was John Osteen über seine Gemeinde sagte:

Einige Leute glauben, daß sie halfen, diese Ge-
meinde aufzubauen. Aber am Anfang, als wir um
die Mauern von Jericho zogen, waren sie nicht
dabei. Sie kamen nach der Schlußrunde, als die
Mauern fielen und alle jubelten. Sie kamen zum
Feiern, aber Arbeit haben sie nicht geleistet.

In der Trübsal auszuharren beinhaltet, trotzdem Freude,
Geduld und Herzensfrieden zu haben. Es bedeutet aber
auch, Hand anzulegen. Das Feiern kommt später.

Ausharren wegen der Ernte

Gott wird die, die geduldig ausharren, dazu gebrauchen,
in diesen letzten Tagen eine große Ernte einzubringen.

So harret denn standhaft aus, liebe Brüder, bis
zur Ankunft des Herrn. Bedenket: Der Landmann
wartet auf die köstliche Frucht der Erde und ge-
duldet sich ihretwegen, bis sie den Früh- und
Spätregen empfängt (Jakobus 5,7).

Zur Zeit sind die ehemalige Sowjetunion und Osteuropa
offen für das Evangelium, während das vorher viele Jahre
lang nicht der Fall war. Der Kommunismus büßte seine
Herrschaft ein. Das ist auch auf die Gebete der Heiligen
zurückzuführen.

Manche Leute meinen, die Mauern würden wieder
hochgezogen und daß die Sowjetunion einen neuen kalten Krieg beginnen wird. Es wird aber nicht mehr so
leicht gehen, die Angehörigen dieser Völker erneut zu betrügen, denn sie haben die Freiheit geschmeckt und die
Wahrheit aufleuchten sehen.

Jahrelang sagte man den Leuten in den baltischen
Staaten, sie hätten ein besseres Leben als ihre Nachbarn

in den skandinavischen Ländern. Sie glaubten, die Menschen litten dort Hunger und lebten in Unterdrückung durch ein kapitalistisches System. Als sich die Grenzen öffneten und manche Balten mit Koffern voll Nahrungsmitteln die Hungernden in Skandinavien besuchen wollten, fanden sie alles ganz anders vor, als man es ihnen erzählt hatte.

Die Jahre der Täuschung sind vorbei. Die Leute dort hungern nach der Wahrheit, die wir ihnen geben können. Unsere Aufgabe ist es, alle auf der Welt mit dem Evangelium bekannt zu machen – durch Fernsehen, Radio, persönliche Predigt oder Zeugnis, durch Bücher, finanzielle Unterstützung, Gebet und auf alle anderen Weisen, die Gott uns öffnet. Laßt uns das tun und den Lauf durchstehen!

Die Kraft des Gebets

Um mutig vorwärts zu gehen, mit Geduld und Freude den Lauf zu bewältigen und durchzuhalten, *müssen* wir beten. Inständige Gebete bringen Mut in unser Herz.

Ihre Gebetszeit im Geist sollte in diesen letzten Tagen zunehmen. Die Gemeinde beginnt mehr Verständnis für die Kraft des Betens in Zungen zu bekommen. Die Ausübung dieser Gabe führt zu einer Sensitivität für die Impulse des Heiligen Geistes. Je mehr Sie in Zungen beten, desto stärker werden Sie am inwendigen Menschen.

Gebet aus prophetischer Salbung heraus wird erfolgen. In den letzten Tagen werden wir alle – die ganze Gemeinde – als Einheit beten.

Geisteswirkungen auf Gemeinschaften

Vor einigen Jahren begannen Prediger über kollektive Salbungen und ihre Wirkungen zu weissagen. Ich hörte auch solche Weissagungen, und obwohl ich nicht alles verstand, spürte ich im Geist, daß es sich um Wahrheiten handelte. Ich nahm das Wort an und glaubte daran.

Wenn Sie innerlich spüren, daß etwas von Gott ist, dann nehmen Sie es an, auch wenn Sie nicht alles verstehen. Ich verstehe immer noch nicht alles über die Salbung und den Strom des Geistes auf Gemeinschaften.

Zuerst dachte ich dabei an Versammlungen von etwa 25 Leuten, dann aber schien es mir, daß Gott eher 25 000 meinte. Es braucht so viele Leute, um Städte und Länder zu erreichen. Gott wird ganze Nationen zum Gebet bewegen. Und das Gebet wird große Aufbrüche im geistlichen Bereich nach sich ziehen. Die Dämonen wissen kaum, wie ihnen geschieht, denn sie haben noch nicht erfahren, daß Christen so stark beten können. Herrscher und Mächte, die jahrhundertelang unbehelligt wirken konnten, werden einer Macht gegenüberstehen, die sie nicht überwinden können.

Weitreichender Einfluß

Eines Tages, als ich mir in einer Stadt, die ich nie zuvor besucht hatte, die Sehenswürdigkeiten anschaute, sah ich viele schöne Kirchen. Im Geist begann ich ein Art Kreis um sie herum zu sehen, der den Wirkungsbereich jeder Kirche darstellte. Manche Kirchen hatten nur einen kleinen Kreis und einen Einfluß, der nur zwei oder drei Häuserreihen weit reichte.

Der Herr sagte dazu: „Sie haben sich mit ihrem kleinen Bereich zufriedengegeben. Das ist ihnen genug, und sie wollen den Rest jemand anders überlassen." Andere Kirchen hatten überhaupt keinen Kreis, nur das Gebäude stand da.

In der Endzeit wird ein Bereich von drei Häuserreihen nicht reichen. Der Einfluß, der in Ewigkeit zählt, muß viel weiter gehen. Nationen müssen erreicht werden. Es wird starkes Gebet nötig sein, damit dieser Einfluß hergestellt wird.

Ausdauer im Loben und Danken

Loben und Danken bilden einen weiteren Teil der geistlichen Ausdauer. Legen Sie die Kleider der Schwermut ab, und ziehen Sie die Kleider des Lobgesangs an. Geben Sie sich nicht mit unterkühlten und einschläfernden Gottesdiensten zufrieden, die niemanden aufrütteln – am wenigsten irgendeine dämonische Macht, die sich in der Nähe befindet.

Starker Lobpreis aus dem Geist bringt die Kräfte des Himmels in Bewegung und läßt neue Salbung erfahren. Lobpreisgottesdienste werden die Atmosphäre der Städte in weit größerem Maße verändern, als wir es uns vorstellen. Und wir sollten dabei sein.

Es gibt keine Grenzen für Jesu Macht. Sie reicht von Ewigkeit zu Ewigkeit. Durch Lobpreis dürfen wir erleben, wie der Herr sich auf Erden offenbart, und wir werden Seine Herrlichkeit erkennen.

Gottes Herrlichkeit

Die Himmel erzählen die Ehre Gottes, und die Feste verkündigt Seiner Hände Werk (Psalm 19,1).

Gottes Herrlichkeit zeigt sich nicht, um den Menschen ein Schauspiel oder Unterhaltung zu bieten, sondern damit Seine Realität demonstriert wird. In diesen Tagen ruft Er uns auf, wieder Seine Herrlichkeit zu verkündigen, genauso wie die Himmel sie verkünden. Er hat manche dazu aufgerufen, große Gebetsgruppen zu bilden oder über Gebet zu lehren, und auf die Lobpreisleiter gibt Er eine neue Salbung.

Es werden Offenbarungen der Herrlichkeit Gottes geschehen. Wir müssen Seine Ehre im Auge behalten, dann bleiben wir auf der richtigen Spur und erreichen das Ziel.

Mache dich auf, werde licht! Denn dein Licht ist gekommen, und die Herrlichkeit des Herrn ist über dir erstrahlt. Denn wohl bedeckt Finsternis die Erde und Dunkel die Völker, aber über dir strahlt der Herr wie eine Sonne auf, und Seine Herrlichkeit wird sichtbar über dir (Jesaja 60,1-2).

Jesaja spricht davon, daß Dunkelheit herrscht. Aber trotz der Dunkelheit strahlt Gottes Herrlichkeit durch. Als zum Beispiel die Plage der Finsternis auf Ägypten fiel, hatten die Israeliten trotzdem Licht. Gottes Herrlichkeit ist auf denen, die Ihm gehorchen und Ausdauer bis zum Ende beweisen!

Das ist keine Trauerzeit für die Gemeinde, sondern Triumphzeit. Wenn Sünde und Dunkelheit mächtig sind, ist die Gnade noch mächtiger (Römer 5,20).

Sie und ich mögen denken, daß wir nicht durch große Schwierigkeiten gehen werden. Aber lassen Sie es uns nüchtern sehen: Wir stehen am Anfang, und die Schwierigkeiten werden größer werden. Was wir im Fernsehen sehen und im Radio hören, könnte für uns überschrieben werden: „Willkommen in der Endzeit mit ihren Nöten!"

Wir befinden uns in den letzten Tagen. Gehen Sie nicht davon aus, daß Sie fort sind, wenn die schweren Zeiten kommen.

Aber wissen Sie dies: große Ernten werden eingebracht, wenn diese schwierigen Zeiten kommen. Der Feind wird noch mehr als in früheren Jahrhunderten versuchen, die Ernte zu verhindern oder zu verzögern, aber es wird ihm nicht gelingen.

Eine Art Unternehmungslust, Eifer und Mut zur Initiative kommt in Gottes Volk hinein, und damit werden die Gläubigen befähigt, ihre endzeitliche Verantwortung wahrzunehmen. Verwegene Zeiten erfordern verwegene Christen – starke Kämpfer Gottes, die durchhalten.

Kapitel vier

Wir stehen im Kampf

In jedem Abschnitt der Kirchengeschichte sind große geistliche Schlachten geschlagen worden, aber in den letzten Tagen werden die Kämpfe noch intensiver werden. Wenn das Ende näher kommt, setzt Satan alles in Bewegung. Starker geistlicher Kampf ist eine unverkennbare Realität der Gemeinde der letzten Tage!

Die Bibel spricht viel von Kampf, beschreibt sogar unseren Herrn als Kriegsheld.

> *Der Herr ist ein Kriegsheld (Mann des Kampfes), Jahwe Sein Name (2. Mose 15,3).*

Der erste geistliche Kampf fand aber im Himmel statt:

> *Es erhob sich dann ein Kampf im Himmel: Michael und seine Engel kämpften mit dem Drachen. Auch der Drache und seine Engel kämpften, doch gewannen sie den Sieg nicht, ihres Bleibens war nicht länger im Himmel (Offenbarung 12,7-8).*

Michael und seine Engel waren gute Kämpfer, sie faßten Luzifer und seine Engel nicht mit Samthandschuhen an. Sie kämpften mit Macht und gewannen.

Beachten Sie: sie gewannen. Wir sollten immer mit der Entschlossenheit in den Kampf gehen, ihn zu gewinnen. Sonst sind wir schon besiegt, ehe der Kampf beginnt. Wir ziehen ja nicht in den Kampf, um ein Debakel zu erleben. Wenn die Armee nicht mit einer klaren Strategie und mit Siegeswillen in den Kampf zieht, wird sie schwerlich zum Sieg gelangen.

Wir müssen in den geistlichen Kampf mit der Entschiedenheit hineingehen, bis zum Ende durchzukämpfen und zu gewinnen. Manche, die sagen, sie widerständen dem Teufel und seinem Zerstörungswerk im Leben der Menschen, wollen in Wirklichkeit gar keinen Kampf haben. Ich nenne sie „Papiertiger". Sie führen viele Reden über Kampf, aber sie kämpfen nicht.

Ich lehne es ab, so ein Scheinkrieger zu sein. Ich will den echten Kampf führen und gewinnen. In diesen letzten Tagen müssen wir bereit sein zur echten Kampfführung. Wir haben den klaren Befehl, siegreich vorwärtszuschreiten.

Den Kampf gewinnen

Jahrelang war die Gemeinde zufrieden mit einer Art geistlichem Wachdienst, um ihr Eigentum zu schützen. Das erinnert mich an das Volk Israel, das zur Zeit Moses in der Wüste umherzog. Übernatürliches geschah: Ihre Kleider trugen sich nicht ab, es gab keine Kranken und Schwachen unter ihnen. Jeden Tag erhielten sie auf wunderbare Weise Nahrung. Eine große Anzahl von Menschen war es, die so versorgt wurden.

Obwohl also das Übernatürliche in verschiedener Weise bei ihnen wirksam war, ging es nicht richtig vorwärts. Sie liefen im Kreis und kamen nicht aus der Wüste heraus. Sie verließen Ägypten, aber den Geist Ägyptens waren sie noch nicht ganz los. Erst die neue Generation, die heranwuchs, hatte den Glauben und den Elan, vorwärtszugehen, anzugreifen und zu kämpfen.

Wenn Schlachten geschlagen werden müssen, bereitet sich Gott immer eine Kämpfergeneration zu.

> *Das sind die Völker, die der Herr im Land ließ, um durch sie die Israeliten ... auf die Probe zu stellen. Er tat das nur, um die Generationen der Israeliten, die das Kriegführen nicht mehr konnten, darin zu unterrichten (Richter 3,1-2).*

Eine andere Übersetzung formuliert den letzten Teil so: *„Außerdem sollten die Israeliten Gelegenheit bekommen, sich ständig im Kriegführen zu üben."*

Gott will nicht, daß Sein Volk Kriege verliert, sondern daß es geübt im Kampf ist und den Sieg davonträgt. Selbst wenn das Volk in Friedenszeiten lebte, bedurfte es immer wieder der Übung, um geschickt im Kampf zu bleiben.

Manche meinen, wir stünden in einer Zeit geistlichen Friedens, aber sie irren. Die Gemeinde kämpft um die Völker der Welt, und es wird bis zum Ende so sein. Wenn wir schon im Alten Testament sehen, daß Gott Sein Volk kampfbereit halten wollte, wieviel mehr sollten wir uns heute darin üben, unsere geistliche Kampfbereitschaft zu erhalten. Unsere Generation muß im Kampf geübt sein, damit Gott Seine Pläne in dieser Zeit verwirklichen kann.

Erfolgreich ist ein Kampf, wenn er gewonnen wird. Michael und seine Engel besiegten Luzifer und dessen Engel und vertrieben sie. Das war der erste Kampf überhaupt.

Der zweite Kampf fand im Garten Eden statt, wo es um den Willen des Menschen ging. Der Ausgang des Kampfes entschied darüber, wer über die Menschen und die Schöpfung herrschen konnte. Es sah so aus, als ob der Teufel den Kampf gewonnen hätte, aber schlußend-

war es doch nicht so. Der Kampf war noch nicht zu e, er war erst damit entschieden, daß Jesus auf Golgatha dem Teufel den entscheidenden Schlag versetzte.

Heute sind wir hier, um Jesu Sieg auszuleben.

Streiter Christi

Tritt als ein rechter Streiter Christi Jesu in die Leidensgemeinschaft ein. Kein Kriegsmann gibt sich mit den kleinlichen Geschäften des Broterwerbs ab (oder: läßt sich in Alltagsgeschäfte verwickeln), sonst kann er dem, der ihn in Dienst genommen hat, nicht gefallen (2. Timotheus 2,3-4).

Der Herr erwählte uns in Seine Streitmacht. Jeder Christ ist dazu berufen. Es gibt keinen Ersatzdienst. Wir sind auch nicht als militärische Beobachter berufen, sondern als Seine Kämpfer.

In Matthäus 11,12 lesen wir folgende Worte:

Aber seit den Tagen Johannes des Täufers bis jetzt bricht das Himmelreich sich mit Gewalt Bahn, und die, welche Gewalt anwenden, reißen es an sich.

Der Leib Christi muß ein gewisses Maß geistlicher Aggressivität aufweisen, damit das Reich Gottes bei den Völkern Raum gewinnen kann. Jedoch kämpfen wir nicht im physischen Bereich, sondern unser Kampf geschieht im geistlichen Bereich.

Denn wir haben nicht mit Wesen von Fleisch und Blut zu kämpfen, sondern mit den Mächten, mit

den Gewalten, mit den Beherrschern dieser Welt
der Finsternis, mit den bösen Geisterwesen in
der Himmelswelt (Epheser 6,12).

Geistliche Gewalt hat nichts mit physischer Gewalt zu tun, sondern es geht um die Herrschaft im geistlichen Bereich und, damit verbunden, um die Beseitigung der geistlichen Dunkelheit.

Jesus ging gegen die Mächte der Finsternis vor. Die Bibel sagt uns, daß Er kam, um die Werke des Feindes zu zerstören (1. Johannes 3,8). Die Bibel sagt auch, daß wir uns wie Jesus verhalten sollen (1. Johannes 4,17).

Es ist wichtig, daß wir erkennen, daß es darum geht, die Werke des Teufels zu zerstören. Die Christen bilden keinen kleinen Segensklub, dem man sich anschließt, um gehätschelt und getätschelt zu werden.

Gott stellt Kämpfer ein, und zwar für die Kämpfe, die Er verordnet. Zum Beispiel bestimmte er die Meder dazu, Gericht über die Babylonier zu üben. Gott sagte: *„Du (Medien) bist Mir ein Hammer, eine Kriegswaffe"* (Jeremia 51,20). Wir sollten Kämpfer Seiner Schlachten sein – bis zum Ende.

Der große Befehl

Als Jesus uns den großen Missionsbefehl gab, begann Er mit den Worten: *„Gehet hin in alle Welt"* (Markus 16,15). Unglücklicherweise legen das manche so aus: „Bleibt hier und wartet, daß die Welt zu euch kommt."

Der Befehl „geht hin" ist ein Befehl zum Hinmarschieren, zum Vorrücken, zum Einsatz. Wir sollen die Welt mit Gottes Liebe und Kraft überwinden und den Menschen die gute Nachricht verkünden. Das bedeutet nicht, daß wir nur zu denen gehen sollen, die uns lieben und dem zustimmen, was wir sagen und tun. Wir müssen auch zu jenen gehen, die sich in Dunkelheit befinden – den Moslems, Hindus, Buddhisten –, um ihnen das Licht zu bringen, so daß sie aus der Dunkelheit herauskommmen können.

Wie können wir Menschen aus der Finsternis herausführen? Lassen Sie uns das betrachten, was Jesus den Jüngern nach dem großen Missionbefehl sagte:

Denen aber, die zum Glauben gekommen sind, werden diese Wunderzeichen folgen: in Meinem Namen werden sie böse Geister austreiben, in neuen Zungen reden, werden Schlangen aufheben und, wenn sie etwas Todbringendes trinken, wird es ihnen nicht schaden. Kranken werden sie die Hände auflegen, und sie werden gesund werden (Markus 16,17-18).

Zuerst sagte Er, sie werden Dämonen austreiben. Dann sprach Er davon, daß sie in Zungen reden werden. Er ging von einer unbegreiflichen Sache zur anderen und erklärte, daß sie das tun würden. Er stellte es nicht als Angebot zur Diskussion: „Wenn ihr euch danach fühlt, könnte es euch unter Umständen gelingen, diese Zeichen als Zeugnis Meiner Kraft zu wirken." Nein, Er erklärte, daß diese Zeichen ihnen folgen werden.

Jesus hat uns die gleiche Kraft gegeben, wie Er sie damals Seinen Jüngern verliehen hat, damit die Menschen von der Finsternis befreit werden können. Und Er hat jedem von uns den Befehl gegeben, hinauszugehen und Menschen für Ihn zu gewinnen. Wir haben voranzugehen ins feindliche Territorium, um Land einzunehmen.

Der Auftrag der Kämpfer

Wenn wir Seine Kämpfer und Streiter (in anderen Worten: Seine Soldaten) sind, dann bedeutet das, daß wir eine bestimmte Aufgabe zu erfüllen haben. Paulus beschrieb diese Aufgabe in 2. Korinther 10,3-5:

> *Ja, wir wandeln wohl im Fleische, führen aber unseren Kampf nicht nach Fleischesart; denn die Waffen, mit denen wir kämpfen, sind nicht fleischlicher Art, sondern starke Gotteswaffen zur Zerstörung von Bollwerken.*
> *Wir zerstören mit ihnen klug ausgedachte Anschläge und jede hohe Burg, die sich gegen die Erkenntnis Gottes erhebt, und nehmen alles Sinnen (oder: jedes Denken) in den Gehorsam gegen Christus gefangen.*

Keine Armee zieht in den Krieg, ohne daß sie sich vorher geeignete Waffen und Ausrüstung beschafft hat. Auch Gott stellt sicher, daß Seine Armee all das bekommt, was sie für den Kampf braucht. Paulus beschreibt einige unserer Waffen.

> *Darum nehmt die volle Waffenrüstung Gottes zur Hand, damit ihr imstande seid, am bösen Tage Widerstand zu leisten, alles gut auszurichten und das Feld zu behaupten! So steht also da, an den Hüften gegürtet mit Wahrheit, angetan mit dem Panzer der Gerechtigkeit, an den Füßen beschuht mit der Bereitschaft, die Heilsbotschaft des Friedens zu verkünden!*
> *Zu dem allem ergreift noch den Großschild des Glaubens, mit dem ihr alle Brandgeschosse des Bösen zum Verlöschen bringen könnt. Nehmt auch den Helm des Heils an euch und das*

Schwert des Geistes, nämlich das Wort Gottes.
Betet allezeit im Geist mit Bitten und Flehen je-
der Art, und seid zu diesem Zweck wachsam mit
aller Beharrlichkeit und unter Fürbitte für alle
Heiligen (Epheser 6,13-18).

Paulus sagt uns klar, was für Waffen wir haben und was
wir mit ihnen tun können.

In der Kraft des Geistes

Zusätzlich zu diesen starken Waffen hat uns Gott noch
etwas geben, das den Erfolg im Kampf ermöglicht. Es
handelt sich um etwas, das Jesus auch hatte.

... Jesus von Nazareth, wie Gott Ihn mit Heili-
gem Geist und mit Kraft gesalbt hat (Apostelge-
schichte 10,38).

Jesus ging umher und tat Gutes. Er heilte die, die vom
Teufel überwältigt waren, denn Er war in der Kraft des
Heiligen Geistes tätig.

Jeder echte Kämpfer muß mit der Kraft des Heiligen
Geistes gesalbt sein, denn wir können in unserer natürlichen, menschlichen Kraft nicht erfolgreich gegen den
Teufel und seine Unterdrückung ankämpfen. Tun wir es
doch, werden wir Niederlagen einstecken. Wir müssen
gegen die geistliche Finsternis mit Gottes Waffen und in
der Kraft Seines Heiligen Geistes kämpfen.

Manche Streiter Gottes fürchten sich jedoch zu kämpfen, und so ist es kein Wunder, daß sie immer wieder Niederlagen einstecken müssen. Aber Gott will uns ein
Kämpferherz geben, und glauben Sie mir, es ist faszinie-
rend, den geistlichen Kampf in dem Wissen zu führen,
daß der Sieg erreicht wird.

Der Löwe in Ihnen

Der Teufel geht umher wie ein brüllender Löwe und sucht, wen er verschlingen könnte (1. Petrus 5,8). Beachten Sie, daß es nur heißt „wie" ein Löwe. Der Teufel ist kein Löwe. Er gibt nur vor, einer zu sein. Jesus ist der Löwe, und Er lebt mit Seiner Macht und Kraft in Ihnen. Das muß Ihnen als guter Kriegsmann bewußt sein.

Ich habe vor einigen Jahren bei meiner ersten Afrikareise eine Lektion in dieser Richtung gelernt. An einem Tag mußte ich erleben, wie wir mitten in Kampfhandlungen hineingerieten. Als wir gerade eine holprige Straße entlangfuhren, ging es los. Unser Wagen stoppte sofort, und wir stiegen alle aus. Als ich mitten auf der Straße stand, klang es so, als ob Bienen an meinen Ohren vorbeischwirrten. Plötzlich merkte ich aber, daß es Kugeln waren – richtige Geschosse. In Sekundenschnelle war ich am Straßenrand und warf mich in den Graben neben der Straße.

Die anderen taten das gleiche, und dort kauerten wir uns nun nieder, um nicht von einer Kugel getroffen zu werden. Die Maschinengewehrsalven gingen in das Gras neben uns. Ich fühlte keine besondere Salbung, als ich dort im Dreck lag, noch hörte ich Engelsflügel rauschen. Ich erhielt auch keine Vision, daß der Herr nun in all Seiner Kraft und Macht kommen würde. Mir war nicht einmal nach Singen zumute. Alles, was ich tun konnte, war, nonstop Bibelverse aufzusagen und zu beten. Und ich betete, wie ich nie zuvor gebetet habe.

Ich wußte, daß der Herr Gebete erhört, aber ich fühlte keinen Schutz und keine Sicherheit. Ich fühlte mich total machtlos. Wenn mir einer ein Gewehr gereicht hätte, hätte es auch nicht viel genützt, denn ich weiß nicht, damit umzugehen. Ich hätte vielleicht den Abzug gefunden, aber nicht gewußt, es wieder zu laden. Ich kam total unvorbereitet in diese Situation. Ich hatte weder Waffenausbildung noch Erfahrung im Kampf.

Genauso wie ich völlig unvorbereitet in dieses natürliche Kampfgeschehen kam, gehen manche Christen unvorbereitet in einen geistlichen Kampf und wissen dann nicht, was sie tun sollen. Sie verbergen sich in einem Graben und sind konsterniert. Sie merken bald, daß das, was ihnen um die Ohren fliegt, echte Geschosse des Feindes sind.

Die Angriffe des Feindes haben zum Ziel, das zu zerstören, was Gott durch Seine Gemeinde in den Völkern tut. Aber wir brauchen uns nicht zu fürchten, denn Gott hat uns mit allen Waffen ausgerüstet, die wir brauchen, um den endzeitlichen Kampf zu bestehen.

Manchen unvorbereiteten Christen mag es so gehen wie den Leuten, die ich sah, als der Kampf dort vorbei war. Etliche lagen schwer verletzt da, und manche verloren an diesem Tag ihr Leben. Wie ihre Leiber dalagen, war kein angenehmer Anblick. Unvorbereitete Christen können buchstäblich ihr Leben bei den endzeitlichen Kämpfen verlieren.

Ein bekannter Staatsmann sagte folgendes: „Die Bewaffnung ist ein wichtiger Kriegsfaktor, aber nicht der entscheidende. Der Mensch, nicht das Material, ist der entscheidende Faktor." In anderen Worten, nicht die Waffen bestimmen den Kriegsausgang, sondern die Menschen, die sie bedienen.

Dasselbe kann vom geistlichen Kampf gesagt werden. Gott hat uns alle Waffen gegeben, die wir brauchen. Aber wissen wir damit umzugehen? Der Herr möchte uns mit Vision, Salbung und Mut ausrüsten, damit wir erfolgreiche Endzeitkämpfer sind.

Geistlicher Kampf ist kein Lotteriespiel. Er darf in dem Wissen geschehen, daß wir erfolgreich bestehen können. Der Herr will mit Seinem Geist Sein Volk zum Kampf zubereiten, denn das ist für die Endzeit notwendig.

Die Gläubigen müssen mit den Vorgängen beim Kampfgeschehen vertraut sein, die Griffe müssen „sitzen". Wissen Sie, was Sie zu tun haben, wenn die Bomben neben Ihnen einschlagen?

Wenn Sie auf das hören, was der Herr Ihnen sagt, werden Sie ein guter Streiter Christi und jeder Lage gewachsen sein – in dieser besten Zeit der Gemeinde.

Ausbildung für den Kampf

Ich habe schon einiges in bezug auf geistlichen Kampf gelernt und erfahren, so daß ich glaube, daß ich Ihnen mit meinen Kenntnissen eine Hilfe sein kann. Eine erste Notwendigkeit ist, daß Sie sich einen „Ruheort" einrichten, wo Sie den Heiligen Geist ohne störende Beeinträchtigungen hören können, sozusagen einen Ort ohne Feindeinfluß. Dort können Sie erstarken und Mut gewinnen.

Ich gehe gerne nach Hause, wo die Atmosphäre rein und klar ist. Lassen Sie sich nicht mit dem Dreck vom Fernsehen, Radio usw. verunreinigen. Zu Hause kann ich in Frieden und Freiheit sein und ohne Ablenkung beten. Weil ich so oft auf Achse bin, brauche ich Ruhe, wenn ich daheim bin.

Es ist auch wichtig, das Haus frei von den bösen Einflüssen zu halten. Manche Leute lassen gottlose Einflüsse ein und haben dann zu kämpfen, sie wieder hinauszukriegen. Es ist viel leichter, die Einflüsse draußen zu halten und sie gar nicht erst einzulassen. Halten Sie Ihr Haus frei und friedevoll, so daß Sie gut ausruhen und beten können.

Intensiveres Kampfgeschehen

Je näher wir der Wiederkunft unseres Herrn kommen, desto intensiver wird der geistliche Kampf werden. Wir werden nicht nur in kleine Scharmützel hineingezogen, sondern große Kämpfe stehen an.

Paulus schrieb den Korinthern, daß er in Ephesus mit wilden Tieren kämpfte (1. Korinther 15,32). Manche Ausleger meinen, daß er sich hier nicht auf Tiere wie Löwen, Tiger oder Bären im natürlichen Bereich bezieht, sondern auf geistliche Mächte und Gewalten, die über Ephesus herrschten. Der geistliche Machthaber über Ephesus könnte jener starke Dämon gewesen sein, der die Menschen zur Anbetung der Göttin „Diana" verleitete.

In der Apostelgeschichte lesen wir, was Paulus in Ephesus erlebte. Etwa zwei Jahre lang hielt er sich dort auf, lehrte, heilte und trieb Dämonen aus. Viele Menschen, die Zauberei betrieben, gaben ihre Praktiken auf.

Folgende Worte schrieb Paulus diesen Ephesern:

> *Denn unser Kampf ist nicht gegen Fleisch und Blut, sondern gegen die Gewalten, gegen die Mächte, gegen die Weltbeherrscher dieser Finsternis, gegen die Geister der Bosheit in der Himmelswelt (Epheser 6,12).*

Wenn Paulus in eine Stadt kam, wußte er, daß es geistlichen Kampf geben würde. Lesen Sie einmal, wie sich die Verehrer der Diana über Paulus entrüsteten:

> *Nun seht und hört ihr aber, daß dieser Paulus nicht nur hier in Ephesus, sondern beinahe in der ganzen Provinz Asien viele Leute durch sein Gerede betört hat, indem er ihnen vorhält, das seien keine Götter, die von Menschenhänden angefertigt würden.*
>
> *Aber nicht nur dieser unser Erwerbszweig droht in Mißachtung zu kommen, sondern auch der Tempel der großen Göttin Artemis (= Diana) schwebt in Gefahr, in völlige Mißachtung zu geraten. Ja, es ist zu befürchten, daß sie sogar ihres hohen Ruhmes ganz verlustig geht, während sie jetzt doch von ganz Asien, ja von aller Welt verehrt wird (Apostelgeschichte 19,26-27).*

Es kam zu einem Volksauflauf. Die Leute waren aufgebracht. Zwei Reisegefährten des Paulus waren schon ge-
fangengenommen worden. Wie reagierte Paulus darauf?
Wurde er mutlos? Nein, er wußte sich und seine Reise-
begleiter in Gottes Hand.

Apostelgeschichte 19,32 beschreibt dann, wie es mit
dem Tumult der Epheser weiterging:

> *Dort schrie nun alles wild durcheinander, denn
> die Versammlung war ein Wirrwarr. Die meisten
> wußten überhaupt nicht, weshalb man zusam-
> mengekommen war.*

Der Stoß gegen Paulus ging ins Leere, denn es herrschte
Verwirrung unter den Leuten. Der Feind kam nicht zum
Zuge.

Wir alle sind aufgerufen, Wahrheit und Gerechtigkeit
in der Welt der Finsternis zu verkünden. Das ist unsere
endzeitliche Pflicht gegenüber den Völkern der Welt.

Geistlicher Kampf durch Gebet

Um erfolgreich im geistlichen Bereich zu kämpfen, bedarf es des Gebets. Das klassische biblische Beispiel eines geistlichen Kampfes, dessen Anlaß Gebet war, finden
wir in Daniel 10,12-14:

> *Fürchte dich nicht, Daniel, denn vom ersten Tag
> an, als du dein Herz darauf gerichtet hast, Ver-
> ständnis zu erlangen und dich vor deinem Gott
> zu demütigen, sind deine Worte erhört worden.
> Und um deiner Worte willen bin ich gekommen.
> Aber der Fürst des Königreichs Persien stand
> mir 21 Tage entgegen. Und siehe, Michael, einer*

*der ersten Fürsten, kam, um mir zu helfen, und
ich wurde dort entbehrlich bei den Königen von
Persien.
Und ich bin gekommen, um dich verstehen zu lassen, was deinem Volk am Ende der Tage widerfah-
ren wird, denn noch gilt das Gesicht für ferne Tage.*

Beachten Sie, daß im Himmel reagiert wurde, als Daniel
betete, aber der Engel mit der Antwort im geistlichen Bereich durch den bösen Fürsten von Persien aufgehalten
wurde. Es war erforderlich, daß Michael half.

Engel der himmlischen Heerscharen werden uns in
den geistlichen Kämpfen um die Völker beistehen. Aber
selbst wenn Engel für uns kämpfen, dürfen wir nicht aufhören, das zu tun, was wir tun müssen. Wir müssen fortfahren zu beten und zu fasten, wie es Daniel tat.

Die heutigen Gläubigen haben einen Vorteil gegenüber Daniel: Jesus hat auf Golgatha Satan ein für allemal
besiegt. Zur Zeit Daniels war der Teufel noch nicht besiegt. Deshalb kämpfen wir heute sozusagen nur noch
Nachkriegsgefechte.

Im Namen Jesu können wir die Feinde vertreiben. Es
gibt keinen geistlichen Kampf, den wir nicht gewinnen
können, aber wir müssen kämpfen. John Wesley sagte
einmal, er glaube nicht, daß Gott etwas tue, wenn nicht
jemand bete. Wenn wir starke, kühne Gebetskämpfer
sind, werden wir erleben, daß Gott große Dinge tut.

Prophetie im geistlichen Kampf

Eine weitere Waffe im geistlichen Kampf ist die Prophetie: das Wort des Herrn, das durch einen Seiner Botschafter verkündigt wird. Der Prophet Hesekiel wurde
zum Beispiel damit beauftragt, gegen den Herrscher von
Tyrus zu weissagen:

Und das Wort des Herrn geschah zu mir so:
Menschensohn, sage zum Fürsten von Tyrus: So
spricht der Herr, HERR: Weil dein Herz hoch
hinaus will und du sagst: „Gott bin ich, den
Wohnsitz der Götter bewohne ich im Herzen der
Meere!" – während du doch nur ein Mensch bist
und nicht Gott ... du aber erhebst dein Herz, als
wäre es Gottes Herz (Hesekiel 28,1-2).

Dieser Fürst stand offensichtlich ganz unter der Herrschaft Satans. Etwas später, aber noch im gleichen Kapitel, bezeichnet Hesekiel dann Satan als „KÖNIG von Tyrus", so daß der Zusammenhang mit dem „FÜRSTEN
von Tyrus" gegeben ist. Satans ursprüngliche Berufung
und dann sein Niedergang zum gefallenen Wesen wird
auch angesprochen (Hesekiel 28,12-17). Es war Gottes
Auftrag an Hesekiel, Weissagungen über Satan und sein
schreckliches Ende auszusprechen (Hesekiel 28,18-19).
   Paulus schrieb Timotheus über dessen prophetischen
Ruf:

Diese Anweisung lege ich dir, mein Kind (= mein
lieber Sohn) Timotheus, im Anschluß an die frü-
her über dich ergangenen prophetischen Aus-
sprüche ans Herz: Kämpfe in ihrer Kraft den
guten Kampf (1.Timotheus 1,18).

Beachten Sie hier, daß Paulus Timotheus anwies, in der
Kraft der Weissagungen, die über ihn ausgesprochen wurden, zu kämpfen. Um das tun zu können, mußte Er wissen, was Gott gesagt hatte, und daran festhalten. Wenn
wir festhalten an dem, was der Herr sagt, werden wir den
Kampf nicht verlieren.
   Es mag ein intensives Kampfgeschehen geben, aber
nehmen Sie die Worte Gottes, glauben Sie sie und stellen
Sie sich darauf, Gott wird sie Wirklichkeit werden lassen.

Veränderung des geistlichen Klimas

Wenn die bösen geistlichen Mächte weichen, ändert sich das geistliche Klima, und damit werden auch viele sichtbare Dinge verändert. Während der walisischen Erweckung 1906 war es so, daß die Kumpel der Bergwerke, die Prostituierten und alle möglichen anderen Leute der weniger feinen Art in die Kirchen strömten und errettet wurden. Viele der Gasthäuser wurden in Kapellen verwandelt.

Sogar die Ponys bekamen die Veränderung zu spüren. Sie, die die Loren mit den Kohlen zogen, wurden nicht mehr so grob behandelt, und die Befehle waren nicht mehr von Flüchen begleitet.

Es geschah, wenn Leute auf Pferdewagen die Straße entlangfuhren, daß die Kraft Gottes auf sie fiel. Der Wagen hielt an, die Menschen gingen zu Boden und lagen da ein oder zwei Stunden. Dann waren sie gerettet.

Wir sind in unserer Zeit dazu berufen, das geistliche Klima in Städten und Ländern zu verändern. An manchen Orten haben die Menschen eine ganz falsche Vorstellung von Jesus. Diese irrigen Gedanken kommen von bösen Mächten, die Lügen und falsche Vorstellungen verbreiten. Erfolgreicher geistlicher Kampf wird zur Beseitigung dieser falschen Einflüsse führen.

Manchmal werden weltliche Autoritäten (Parlamente, Stadträte usw.) sich wundern, wenn sie merken, daß eine höhere Autorität die Herrschaft des Bösen beseitigt haben muß. Sie können sich jedoch keinen Reim darauf machen, denn es ist eine geistliche Sache. Hätten sie mehr Verständnis für den geistlichen Bereich, würden sie erkennen, um was es geht.

Als ich kürzlich über geistlichen Kampf predigte, ließ mich eine Frau wissen, daß sie von meiner Predigt nicht besonders angetan war:

„Ich nehme an, daß Sie mir nahelegen wollen, mich

mit diesem Kampfzeug zu beschäftigen. Ich kann mich nicht damit anfreunden, obwohl ich eigentlich weiß, daß es richtig ist. Ich bin froh, wenn der Herr bald kommt und mich allem enthebt, so daß ich im Himmel sein kann, wo nicht mehr gekämpft wird und wo alles schön friedlich ist."

Als sie redete, sprach der Heilige Geist zu mir: „Weiß sie nicht, daß wir danach alle zurückkommen zu einem großen Kampf?" Leute, die den Gedanken an Kampf nicht mögen, verstehen nicht, daß es auch nach der Entrückung Kampf geben wird.

Wir müssen auch wissen, daß jemand ein netter Mensch und doch ein mächtiger Krieger sein kann. Manche haben die Vorstellung, ein großer Krieger sei niederträchtig und gemein. Ein rechter Streiter ist nicht gemein, sondern aufrichtig und stark im Geist.

Ich habe mir einmal einen Film angesehen, bei dem es um die Urgemeinde ging. Ich war aufgebracht und schaltete ab, als ich sah, wie Paulus, Petrus und andere Christen als Angsthasen dargestellt wurden, wie sie nachts durch die Straßen rannten und sich ängstlich versteckten. Die Filmproduzenten hatten sich offensichtlich wenig mit der Apostelgeschichte beschäftigt, sonst hätten sie gewußt, daß die Apostel mutig auf öffentlichen Plätzen und in Synagogen predigten, wobei sie auch weissagten und die befreiten, die unter dämonischen Einflüssen standen. Ähnlich müssen wir vorgehen.

Zusammenfassung

Im geistlichen Kampf kommt die Liebe Gottes in starker Weise zum Ausdruck. Sie werden Ihre Stadt oder Ihr Volk nicht durch Sozialprogramme oder nette, kleine Predigten verändern.

Seien Sie sich dessen bewußt, daß Menschen – genauso wie dämonische Mächte – gegen Sie Kampf führen. Manche Menschen stehen – bewußt oder unbewußt – in den Reihen der bösen geistlichen Herrscher. Sie werden gegen Sie oder Ihre Gemeinde oder Ihr Werk im natürlichen Bereich kämpfen. Denken Sie aber daran, daß Ihr Kampf nicht gegen Fleisch und Blut geht. Sie kämpfen gegen die Dämonen, die dahinterstehen.

Aber wenn Sie mit Geduld und Ausdauer den guten Kampf des Glaubens kämpfen, werden Sie diese übernatürlichen Kräfte besiegen, und das wird dann im natürlichen Bereich zum Ausdruck kommen.

Starke Liebe, die sich nach Veränderungen im Leben der Menschen sehnt, gibt nicht auf, wenn es schwierig wird. Der Kampf mit geistlichen Herrschern ist nicht immer ein kurzer Kampf, aber bleiben Sie dabei, Land einzunehmen, bis der Sieg errungen ist.

Gott gebraucht heute Sein Volk – Seine Kämpfer –, um Nationen zu verändern und um göttliche Ausgangsbasen einzurichten, von wo aus Seine mächtigen Streiter zum Kampf ausgesandt werden. Die Armee des Herrn marschiert voran!

Kapitel fünf

Wir dienen einem einzigartigen Gott

Vor einigen Jahren war ich in Pittsburgh in Pennsylvania dabei, für ein Buch über Kathryn Kuhlman ein paar Nachforschungen anzustellen. Ich besuchte Christen, die schon lange in dieser Gegend lebten, und fragte sie: „Haben Sie schon einmal die Versammlungen von Kathryn Kuhlman besucht?"

Ihre Antworten erstaunten mich. Jemand sagte: „Nein, ich glaube nicht, daß sie es wert waren hinzugehen!"

Gott war durch eine Seiner Dienerinnen mächtig am Wirken. Sie war eine der größten Wunderwirkerinnen unserer Tage. Und doch sahen diese Christen keinen Anlaß, zu ihren Versammlungen zu gehen.

Irgend etwas scheint mir mit einer solchen Haltung nicht zu stimmen. Tausende von Menschen reisten von weither, um Kathryn Kuhlmans Versammlungen besuchen zu können, doch für viele Christen, die in der Nähe wohnten, waren ihre Versammlungen „nichts Besonderes".

Für sie waren die Dinge Gottes offensichtlich zu sehr zur Selbstverständlichkeit geworden. Ihre Herzen konnten sich nicht mehr für das, was Gott tat, begeistern. Die Hochachtung und Ehrfurcht davor kam bei ihnen zu kurz.

Sie verpaßten weithin, was Gott in ihrer Zeit tat, weil sie eine Haltung einnahmen, die besagte: Was soll da schon dabei sein?

Der Gefahr, Gottes Dinge als Selbstverständlichkeit hinzunehmen, begegnet man am besten dadurch, daß man danach trachtet, die erste Liebe beizubehalten: Leben Sie in enger Gemeinschaft mit dem Herrn, und orientieren Sie sich immer wieder nach Seinem Willen.

Manche Menschen sitzen zu Hause und schauen sich rührselige Fernsehserien oder Shows an, während Gott in einem anderen Stadtteil Wunder wirkt. Sie versäumen viel. Wessen geistliche Augen und Ohren aber offen sind, der merkt, wenn Gott etwas tut. Sie können natürlich nicht überall alle Versammlungen besuchen, das meine ich auch gar nicht, aber verpassen Sie nicht die, in denen Gott offensichtlich in besonderer Weise am Wirken ist.

1906 kamen Menschen aus der ganzen Welt nach Los Angeles, um dort etwas von der Azusa-Street-Erweckung mitzubekommen. Das wenig ansehnliche Gebäude, in dem die Versammlungen stattfanden, war früher einmal eine Mietstallung, wo man Pferde ausleihen konnte. Es war nicht das erste Mal, daß Gott einen Stall gebrauchte, um etwas Großes nach Seinem Plan durchzuführen. Gott und Seine Sache dürfen nicht als Gewöhnliches hingenommen werden, denn in Seiner Gegenwart geschieht das Außergewöhnliche.

Gott tut die Dinge oft nicht nach der Art, wie wir sie uns vorstellen. Wenn es nach uns gegangen wäre, wäre Sein Sohn höchstwahrscheinlich in einem luxuriösen Königspalast geboren worden. Gott wähltc jcdoch cincn Ort aus, wo Tiere schliefen. Eine Versammlung, die nicht in einem feinen Gebäude stattfindet, ist damit nicht weniger wichtig. Lassen Sie sich nicht vom äußeren Putz blenden. Seien Sie dort, wo Gott wirkt.

Gottes Wahl von Tulsa als einem geistlichen Mittelpunkt kommt manchen vielleicht auch komisch vor. Die

Stadt liegt nicht in einer schönen Landschaft wie etwa Colorado oder San Francisco. Man kommt nicht einmal so einfach dahin. Man muß über Chicago, Dallas, Denver oder St. Louis fliegen, um dorthin zu gelangen. Es ist ein sehr gewöhnlicher Ort in einer sehr gewöhnlichen Gegend, doch Gott machte ihn zum Zentrum und damit außergewöhnlich.

Einige der größten Pfingstprediger weissagten über Tulsa. Freunde in der Stadt haben mir erzählt, wie Gott schon Anfang dieses Jahrhunderts durch Prediger zu reden begann, als der Staat Oklahoma kaum gegründet war. Gott sagte: „Ich werde Tulsa segnen. Ich habe eine Zukunft für diesen Ort."

Diese Zukunft begann vor dreißig, vierzig Jahren Gestalt anzunehmen. Trotzdem leben auch heute noch Menschen in Tulsa, die keine Ahnung von dem haben, was Gott tut. Für viele ist Er einfach zu gewöhnlich geworden. Lassen Sie das nie in Ihrem Leben zu.

Nur von weitem beobachten

Wer diesem einzigartigen Gott dient, versäumt etwas, wenn er nur in der Entfernung stehenbleibt und zuschaut, wenn Gott wirkt. Lassen Sie uns sehen, was Elisa und die Propheten taten, als Elia in den Himmel aufgenommen werden sollte (2. Könige 2,1-18).

Es gab in Elias Zeit Schulungszentren in Bethel und Jericho, in denen die Teilnehmer „Söhne der Propheten" (= Jünger oder Schüler der Propheten) genannt wurden. Die Prophetensöhne wußten in ihrem Geist, daß Elia in den Himmel aufgenommen werden würde. Sie fragten zwar Elisa, ob er auch davon wußte, daß sein Meister an diesem Tag von ihm genommen werden würde (2. Könige 2,3), aber es war nur Elisa, der den Mut und auch das Verlangen hatte, ganz dabei zu sein, wenn Gott wirkte, und der beharrlich wartete.

*Da sagte Elia zu Elisa: „Bleibe doch hier, denn
der Herr hat mich nach Bethel gesandt." Doch
Elisa erwiderte: „So wahr der Herr lebt und so
wahr du selbst lebst, ich verlasse dich nicht!" Als
sie nun nach Bethel hinabwanderten ...
Da sagte Elia zu ihm: „Elisa, bleibe doch hier,
denn der Herr hat mich nach Jericho gesandt."
Doch er entgegnete: „So wahr der Herr lebt und
so wahr du selbst lebst, ich verlasse dich nicht."
Als sie nun nach Jericho gekommen waren ...
Darauf sagte Elia zu ihm: „Bleibe doch hier,
denn der Herr hat mich an den Jordan gesandt."
Doch er entgegnete: „So wahr der Herr lebt und
so wahr du selbst lebst, ich verlasse dich nicht."
So gingen sie denn beide miteinander weiter
(2. Könige 2,2.4.6).*

Als die Söhne der Propheten Elisa fragten, ob er wüßte,
was geschehen würde, antwortete er im Grunde: „Ja,
ich weiß es, aber laßt mich in Ruhe. Ich habe einen göttlichen Auftrag. Ich bin hier, um etwas zu empfangen.

„Die Prophetenjünger waren damit zufrieden, zu wissen, daß etwas geschah. Sie beobachteten von weitem,
was sich abspielte, aber sie hatten keinen Anteil daran.
Sie hätten zu Elisa sagen sollen: „Wenn du Elia folgst,
dann werden wir dir folgen. Wir wollen auch etwas von
der Salbung empfangen, die dir gegeben wird. Wir sehnen uns danach, daran teilzuhaben."

Fünfzig Personen beobachteten von weitem, wie Elia
und Elisa am Jordan standen (Vers 7). Elia fragte schließlich Elisa: *„Erbitte dir etwas, was ich dir tun soll, ehe
ich von dir hinweggenommen werde."*

*„Daß mir doch ein zweifacher Anteil von deinem
Geist gegeben werde!"* war Elisas Antwort.

Während sie noch sprachen, kam ein Sturmwind, ein
feuriger Wagen und feurige Rosse, und Elia wurde hin-

weggenommen. Sein Mantel fiel zur Erde, und Elisa hob ihn auf.

Elisa ging an das Ufer des Jordans und schlug mit dem Mantel auf das Wasser. Daraufhin teilte es sich, und Elisa ging hinüber auf die andere Seite.

Ich kann mir vorstellen: Als Elisa zurückkam, rannten die anderen zu ihm und sagten: „Mensch, du hast den Mantel. Du hast die Salbung."

Zumindest hatten sie mitbekommen, daß Elisa etwas empfangen hatte. Aber auch aus dem, wie sie sich danach verhielten, kann man erkennen, daß ihr geistliches Bewußtsein zu wünschen übrig ließ. Obwohl sie wußten, daß Gott an jenem Tag Elia zu sich nehmen würde, baten sie Elisa, Leute auszusenden, die nach Elias Leib suchten.

Elisa wußte zwar, daß es keinen Sinn hatte, danach zu suchen, aber als sie es unbedingt wollten, ließ er es zu. Als sie nach drei Tagen ohne Elias Leib zurückkamen, erklärte Elisa: „Hatte ich euch nicht gesagt: Geht nicht hin?!"

Das Handeln der Prophetensöhne ist typisch für Leute, die wissen, daß Gott etwas tut, aber es doch irgendwie verpassen. Sie kommen hinterher, um etwas zu finden, aber es ist zu spät. Sie schauen nach dem „Leib" aus.

Das Geschehen um Elia und Elisa lehrt uns, nicht einfach dazusitzen und alles von ferne zu beobachten. Eine Gottesoffenbarung wird wenig nützen, wenn wir nicht danach handeln. Elisa war der einzige der Propheten, der richtig handelte, und er ist derjenige, von dem wir als einzigem wieder hören. Der Rest stand „in sicherer Entfernung" und bekam keinen Anteil an der großen Salbung dieses Tages. Viele Christen verhalten sich so. Lassen Sie deshalb nicht zu, daß Gottes Wirken für Sie zur Banalität wird.

Selbstüberschätzung

Wenn etwas schlimmer ist, als sich nicht zu beteiligen, dann das, daß man sich beteiligt, aber die Salbung fehlt. Das ist der sichere Weg, Gottes außergewöhnliche Kraft zu verpassen.

Geistliche Fehlschläge können auf ganz verschiedene Weise zustande kommen. Ich kenne Leute, die sehr feurig sind, richtige Predigeraspiranten, und voller Bereitschaft, die Welt zu evangelisieren. Aber wenn sie sich allein im Kampf befinden, halten sie nicht durch. Sie werden mißmutig und geben auf, verlieren die Salbung.

Manchmal ist es der Stolz, der das Werk Gottes an den Menschen behindert. Manche lassen sich vom Erfolg berauschen und bilden sich ein, es gäbe keine bessere und wichtigere Person als sie. Sie waren auf Gottes Ruf eingegangen, sie waren voll Geistes und erhielten Offenbarungen. Aber dann kam das Problem: Sie verloren die enge Verbindung mit dem Herrn. Weil sie meinten, sie brauchten keine Verwurzelung in der Gemeinschaft, kam Stolz auf, und sie trennten sich von den anderen. Heute sind sie nicht mehr im Dienst.

Der Teufel wird auch bei Ihnen immer wieder versuchen, Gottes Plan für Ihr Leben zu torpedieren. Wenn er angreift, müssen Sie ihm widerstehen. Sie dürfen es nicht zulassen, daß er Gottes Absichten für Ihr Leben vereitelt.

Wie wichtig es ist, geistlich sensitiv zu sein

Selbst wenn manche Leute großen Männern und Frauen des Reiches Gottes zuhören, haben sie nicht die geistliche Weisheit und das Gespür dafür, daß etwas Außergewöhnliches vor sich geht. Das läßt sich immer wieder beim Dienst großer Gottesmänner und -frauen feststellen.

Eine Frau, die zu einer Veranstaltung mit Kathryn Kuhlman gegangen war, sagte zu mir: „Ich ging zu einer ihrer Versammlungen, aber ehrlich gesagt, es hat mir nichts gegeben. Ich wurde nicht geheilt und konnte auch nichts Großartiges sehen. Sie hat auf mich keinen besonderen Eindruck gemacht."

Wenn jemand in einer gesalbten Versammlung sitzt und nichts empfängt, wessen Fehler ist es dann? Sicher nicht Gottes Fehler. Er ist da, wenn jemand empfangen will. Wenn Er durch Seine Diener wirkt und viele andere Segen empfangen, liegt nicht selten eine gewisse Herzenshärte bei denen vor, die nichts empfangen.

Wenn Sie den Weisungen des Heiligen Geistes folgen, wird Gott nahe sein. Wenn Christen erkalten, dann geschieht es oft deshalb, weil sie es in Gewissen und Sinn zuließen, daß sie selbst betrogen wurden (Matthäus 24,12). Manche werden trotzdem ihre Kälte Hitze nennen. Religiösen Dämonen ist das nicht unangenehm. Lassen Sie sich aber nicht betrügen, und seien Sie nicht unter den Kalten oder Lauen.

Reformatoren Gottes

Gottes außergewöhnliches Wirken wird auch dadurch behindert, daß Menschen nicht darauf eingehen, wenn Er Veränderung einleiten möchte. In den letzten Tagen wird Gott sich wieder Reformatoren erwecken, wie Er es immer wieder in der Geschichte tat.

In Luthers Tagen herrschte geistliche Dunkelheit und Sünde im Land. Die etablierte Kirche war kalt, die Beziehung zu Gott durch Religion ersetzt worden. Den Menschen wurden Lügen vorgesetzt. Luther wollte mit den 95 Thesen, die er an die Kirchentür heftete, die Wahrheit ans Licht bringen, doch man verfolgte ihn. Die religiösen Führer verachteten ihn. Aber viele geistlich hungrige Menschen hörten ihn und erkannten, daß Luthers Wort Wahrheit war. Aber die seinem Wort glaubten, wurden als Ketzer gebrandmarkt.

Als reformatorische Gruppierungen müssen wir auch hinnehmen, daß wir mißverstanden werden. Wir müssen darauf vorbereitet sein, Verfolgung von seiten der Welt, aber auch von religiösen Leuten zu erfahren. Wenn wir Gottes Reformen vorantreiben und Zeuge Seiner Kraft sind, werden sich Leute dagegen auflehnen.

Reformationszeit ist die Zeit, wo Wahrheiten neu erkannt und auf den Leuchter gestellt werden. Es ist die Zeit, wo der Kurs zukünftiger Generationen bestimmt wird. Paulus war ein Reformator, der von Gott mächtig gebraucht wurde, um Veränderungen zu bewirken und Dinge in Bewegung zu setzen. Sein Einfluß dauert nun schon fast zweitausend Jahre.

John Wesley war ein weiterer großer Reformator. Er brachte England aus der geistlichen Dunkelheit heraus. In Seinem Tagebuch schrieb er, daß er, als er einmal auf seinem Pferd zu einem Predigtdienst in einer Stadt unterwegs war, sich Sorgen machte, nicht mehr im Glauben zu stehen, weil er an jenem Tag noch keine Verfolgung erlitten hatte. Er erwartete Verfolgung um der Gerechtigkeit willen und meinte, daß mit ihm etwas nicht in Ordnung sei, wenn sie nicht kam.

Er stieg vom Pferd, kniete nieder und betete. Ein Bauer sah ihn von seinem Feld aus, erkannte ihn und warf einen Stein nach ihm, der ihn in den Rücken traf. Wesley sprang auf und dankte Gott für den Stein, denn dadurch hatte er wieder Gewißheit bekommen, daß er in der Nachfolge Jesu stand und auf der richtigen Spur war.

Wesley war einer der größten Reformatoren der Kirchengeschichte. Er hatte keine Menschenfurcht, und als er keine Erlaubnis bekam, in den Kirchen Englands zu predigen, predigte er im Freien, und das Volk scharte sich um ihn. Die religiösen Führer verachteten ihn, aber die gewöhnlichen Menschen liebten ihn. Sie waren hungrig und durstig nach der guten Botschaft des Evangeliums.

Gottes Macht und Kraft

Wenn wahre Reformation geschieht, tritt auch die Kraft des Heiligen Geistes in Aktion.

Manche Leute stellen sich den Heiligen Geist als niedliche, kleine, sanfte weiße Taube vor. Und so stellen ihn auch viele Maler dar. Aber dieses Bild ist einseitig und damit irreführend. Es gibt Zeiten, da der Heilige Geist sanft wirkt. Aber es gibt auch Zeiten, wo er mit großem Brausen kommt. Er ist eine mächtige Person mit der ganzen Kraft Gottes.

Apostelgeschichte 2,4 berichtet nicht davon, daß der Heilige Geist an Pfingsten als sanftes Lüftchen oder leichte Brise kam. Nein, es war ein Brausen wie ein gewaltiger Wind.

Als dann der Tag des Pfingstfestes herbeigekommen war, befanden sie sich alle an einem Orte beisammen. Da enstand plötzlich ein Brausen vom Himmel her, wie wenn ein gewaltiger Wind daherfährt, und erfüllte das ganze Haus, in welchem sie weilten. Und es erschienen ihnen Zungen wie von Feuer, die sich zerteilten und von denen sich eine auf jeden von ihnen niederließ (Apostelgeschichte 2,1-3).

Denken wir an die Art, wie die Kraft des Heiligen Geistes auf Simson kam, als er die Halle der Philister zum Einsturz brachte.

Als nun ihr Herz guter Dinge war, riefen sie: „Laßt Simson hierherkommen, damit er uns belustige." So ließ man denn Simson aus dem Gefängnis holen, und er mußte vor ihnen spielen (oder: tanzen).

Da man ihn nun zwischen die Säulen gestellt hatte, bat Simson den Burschen, der ihn an der Hand gefaßt hielt: „Laß mich doch mal los, damit ich die Säulen betaste, auf denen das Haus ruht: ich möchte mich an sie anlehnen!"

Das Haus war aber voll von Männern und Frauen. Auch alle Fürsten der Philister waren dort anwesend, und auf dem Dache befanden sich gegen dreitausend Männer und Frauen, die dem Spiel Simsons zugesehen hatten.

Da betete Simson zum Herrn mit den Worten „O Herr, mein Gott! Gedenke doch meiner und verleihe mir nur dies eine Mal noch Kraft, o Gott, damit ich Rache an den Philistern nehme für eins von meinen beiden Augen!"

Darauf umfaßte Simson die beiden Mittelsäulen, auf denen das Haus ruhte, die eine mit seinem rechten, die andere mit seinem linken Arm, und stemmte sich gegen sie. Und indem er ausrief: „Nun will ich mit den Philistern sterben", neigte er sich mit aller Kraft vornüber. Da stürzte das Haus auf die Fürsten und auf alle Leute, die darin waren (Richter 16,25-30).

Die charismatische Bewegung der sechziger und siebziger Jahre brachte die sanfte Seite des Heiligen Geistes zum Tragen, wo Er einer Generation, die sich nach Liebe sehnte, die Liebe Gottes zeigte. Wunder geschahen, und es war eine herrliche Zeit in der lieblichen und wohltuenden Gegenwart des Herrn.

Aber jetzt kommt die Zeit, wo Er wieder als Löwe

von Juda in Erscheinung tritt. Seine Macht und Kraft wird offenbar. Das wird einen anderen Predigtstil und eine andere Darbietung des Evangeliums mit sich bringen.

Nur weil Gott die Dinge nicht auf die gleiche Art tut, wie Er es vor zehn Jahren tat, besagt nicht, daß Er nicht mehr derjenige ist, der sie tut. Wenn wir Ihn als diesen einzigartigen Gott sehen, werden wir Ehrfurcht bewahren und werden unsere geistlichen Augen und Ohren für Sein Wirken offen halten. Dann werden Seine Veränderungen nicht befremdend auf uns wirken.

Gott liebt Mannigfaltigkeit. Er ist zwar ein Gott, der unveränderlich ist, aber Er wirkt nicht immer auf die gleiche Weise. Langeweile mag er offensichtlich nicht. Die Vielfalt und Buntheit der Schöpfung bezeugt diese Tatsache. Denken wir nur an die unterschiedlichen Landschaften, an die vielen Pflanzen- und Tierarten. Auch kein Mensch ist dem anderen in allen Dingen gleich.

Lassen Sie mich abschließend noch einmal die fünf Verhaltensmöglichkeiten zusammenfassen, durch die der Mensch das außergewöhnliche Wirken Gottes behindert:

1. Gottes Dinge nur als etwas Gewöhnliches betrachten
2. abseits stehen und nur aus der Ferne beobachten
3. sich selbst überschätzen
4. nicht richtig geistlich sensitiv sein
5. auf Gottes Ruf zur Veränderung nicht eingehen

Wir haben einen großen Gott, einen einzigartigen Gott. Laßt uns nach Seinem Wohlgefallen handeln, indem wir auf Ihn hören und die Dinge auf Seine Art und Weise tun.

Kapitel sechs

Eine gute Idee
oder die Wahrheit?

Eine Konsequenz des großen Missionsbefehls ist es, daß wir *unserer* Generation das Evangelium bringen müssen (siehe Markus 16,15-18).

In den letzten Tagen werden sich unsere Verantwortlichkeiten von denen früherer Generationen unterscheiden. Wir werden anders predigen, anders wirken und ein „eigentümliches" Volk Gottes sein.

Gottes Volk ist nach der Bibel im wahrsten Sinne des Wortes „eigentümlich".

Werdet ihr nun Meiner Stimme gehorchen und Meinen Bund halten, so sollt ihr Mein Eigentum sein vor allen Völkern, denn die ganze Erde ist Mein. Und ihr sollt Mir ein Königreich von Priestern und ein heiliges Volk sein (2. Mose 19,5-6).
Denn du bist ein heiliges Volk dem Herrn, deinem Gott, und der Herr hat dich erwählt, daß du Sein Eigentum seist, aus allen Völkern, die auf Erden sind (5. Mose 14,2).
Denn der Herr hat sich Jakob erwählt, Israel zu Seinem Eigentum (Psalm 135,4).

Dasselbe wird auch vom Leib Christi gesagt:

> *Der sich selbst für uns gegeben hat, damit Er uns erlöste von aller Ungerechtigkeit und reinigte sich selbst ein Volk zum Eigentum, das eifrig wäre zu guten Werken (Titus 2,14).*
>
> *Ihr aber seid das auserwählte Geschlecht, die königliche Priesterschaft, das heilige Volk, das Volk des Eigentums, daß ihr verkünden sollt die Wohltaten dessen, der euch berufen hat von der Finsternis zu Seinem wunderbaren Licht (1. Petrus 2,9).*

Die hier im Hebräischen (segullah) und Griechischen (periousios) verwendeten Worte in bezug auf Eigentum haben die Bedeutung von etwas Kostbarem, Außergewöhnlichem, einem besonderen Besitz.

Im modernen Sprachgebrauch bedeutet etwas „Eigentümliches" etwas Sonderbares, Merkwürdiges. Auch diese Bedeutung wird in der Endzeit zum Tragen kommen. Wir werden also im doppelten Sinn „eigentümlich" sein.

– In Richtung zu Gott: Wir sind von der Welt getrennt und sind etwas Besonderes, ein verborgener Schatz Seines Herzens, Sein Eigentum. In diesem Sinne also eigentümlich.

– In Richtung zur säkularen, und traurigerweise auch zu vielen Menschen der religiösen Welt: Wir kommen den Menschen so sonderbar, so eigentümlich vor.

Es ist ganz in Ordnung, daß wir der Welt eigentümlich erscheinen, wenn wir Gottes Eigentum sind. Er liebt Seine eigentümlichen Leute, die die Dinge auf Seine Art tun!

Beim Erkennen, welche Dinge richtig für uns sind, kommt es darauf an, zwischen guten Ideen und der Wahrheit unterscheiden zu können.

Nur weil eine Idee uns gefällt, muß sie noch nicht das Richtige für uns und die Wahrheit sein. Oftmals wird die Wahrheit Ihrem Verstand und Ihrem Fleisch nicht gut erscheinen. Auf der anderen Seite kann eine gute Idee (ohne Wahrheit zu sein) dem Fleisch sehr gefallen.

Denken Sie einmal daran, was geschah, als die Israeliten den Wunsch bekamen, auch einen König zu haben. Nach beinahe 400 Jahren, in denen sie von durch Gott gesetzte Richter und Propheten geführt worden waren, schien es eine brillante Idee zu sein, nun endlich einen eigenen König zu bekommen.

Der Wunsch entstand aus folgendem Grund: Sie wollten wie alle anderen Nationen um sie herum sein (1. Samuel 8,19-20). Sie sagten sozusagen: „Alle haben einen König! Warum können wir keinen König wie die anderen haben? Wir wollen einen König!“

Samuel versuchte, dem Volk die Konsequenzen klarzumachen, die dadurch entstanden, daß sie einen Menschen statt Gott über sich herrschen ließen. Aber das Volk wollte nicht auf ihn hören. Samuel wußte, daß sie unter einem natürlichen König eine striktere Herrschaft, härtere Gesetze, mehr Steuern usw. zu erwarten hatten.

„Ein König kann euch in Knechtschaft bringen“, mahnte Samuel.

Aber das Volk sagte: „Wir wollen einen König!“

Gott sprach dann zu Samuel: *Erfülle ihnen nur ihren Wunsch. Nicht dich lehnen sie ab, sondern Mich!“* (1. Samuel 8,7).

Israel wollte nicht *eigentümlich* sein. Es schien eine gute Idee, wie alle anderen einen König zu haben. Das war jedoch nicht das Richtige. Das wäre gewesen, Gott weiter direkt über sie herrschen zu lassen, indem Er über Seine Beauftragten, die Er erwählte, zu ihnen sprach. Das Richtige wäre Theokratie, nicht Monarchie gewesen.

Auch in unseren Tagen dürfen wir uns nicht von guten Ideen blenden lassen, sonst können wir an der Wahrheit vorbeigehen. Ich glaube, wir haben nur Zeit für Gottes Pläne. Bei christlichen Aktivitäten darf es nicht nur um einen *guten* Dienst gehen.

Um siegreich zu sein, müssen wir um Gottes Salbung wissen, um Seinen Ruf und Seinen Plan. Wenn es Ihnen nur um einen guten Dienst geht, werden Sie vom Eigentlichen abgelenkt. „Das Gute ist der Feind des Besseren", lautet ein bekannter Ausspruch. Mit guten Ideen allein werden Sie Gottes Plan nicht erfüllen. Sie stehen damit in der Gefahr, auf Seitenwege abzugleiten, statt auf der richtigen Spur zu bleiben. Sie können nicht mit Gott vorwärts gehen, wenn Sie sich anderweitig orientieren und dort in Anspruch genommen sind.

Wir müssen ein Volk sein, das der Wahrheit folgt und die Dunkelheit erhellt. Dazu bedarf es eines besonderen Wirkens des Geistes Gottes in Ihnen und in denen, welchen Sie dienen. Auch als Gemeinschaft werden wir im Geistesbereich nur wenig erreichen, wenn wir das Augenmerk nicht auf den Geist Gottes richten.

Was wäre geschehen, wenn der Apostel Paulus andere Aufträge ausgeführt hätte als die, zu denen er von Gott berufen und gesalbt war? Er hätte gute Dinge getan, wäre vielleicht auch weniger in Schwierigkeiten geraten, aber er hätte nicht Gottes Plan erfüllt.

Gefährliche Annahmen

Jesus sprach davon, daß in den letzten Tagen falsche Christusse und falsche Propheten auftreten werden (Matthäus 24,11.24). Auch andere Teile des Neuen Testaments sprechen von falschen Propheten, Christussen, Lehrern und Brüdern in den letzten Tagen.

Haben Sie sich schon einmal gefragt, warum so viele falsche Lehren aufkommen? Bei der Beantwortung der Frage müssen wir feststellen, daß nicht jeder, der falsch endete, falsch begann. Viele falsche Führer begannen richtig, aber unterwegs gingen sie von falschen Annahmen aus und gerieten so auf Abwege. Sie *nahmen an*, daß etwas Übernatürliches von Gott war, und haben nicht den Geist, der es bewirkte, geprüft. Dadurch fielen sie einer Täuschung zum Opfer. Schlußendlich folgten sie dann nicht einmal mehr guten Ideen, geschweige denn Gottes Plänen.

Auch in der charismatischen Bewegung sind manche Leute, wie es in allen vergangenen Bewegungen der Fall war, fehlgegangen, weil sie von falschen Annahmen ausgingen. Sie haben Gottes Wahrheit angenommen, haben dann aber ihre eigenen Annahmen oder die von anderen Menschen darangehängt. Nehmen wir als Beispiel die Fürbitte.

Schon immer wurde in der Kirche Fürbitte getan, aber mit der Zeit verflachte sie. Andere Gebetsweisen waren gängiger, Fürbitte weniger. Ende der siebziger bzw. Anfang der achtziger Jahre begann dann Gott, unsere Aufmerksamkeit wieder auf die Wichtigkeit und Kraft der Fürbitte zu lenken.

Die Bibel gibt uns viele Beispiele von Fürbitte. Abraham trat für Sodom und Gomorra ein, Mose für die Israeliten – nicht nur einmal, sondern viele Male –, Daniel für die Juden im babylonischen Exil, Nehemia für die zerstörte Stadt Jerusalem, Esther für die Juden in Persien. Fürbitte wurde immer getan.

Fürbitte ist das Eintreten für jemand anders, ist Gebet für bestimmte Leute, Stätten oder Situationen. Es bedeutet, für andere in den Riß zu treten und sich nicht nur darum zu kümmern, die eigenen Bedürfnisse zu befriedigen.

Als Gott die Fürbitte wieder ins Blickfeld gestellt hatte, gingen Leute an verschiedenen Orten von Annahmen aus und machten Fehler. Sie beschäftigten sich nur noch mit Fürbitte, alles andere trat in den Hintergrund. In ihrer Einseitigkeit taten sie Dinge, die nicht mit Gottes Wort und Geist im Einklang standen.

Manche gingen von den Fürbittseminaren nach Hause und fühlten sich sogleich den anderen Christen überlegen. Einige fühlten sich sogar wichtiger als ihr Pastor, weil sie Fürbitter waren. Sie nahmen an, sie stünden auf einer höheren geistlichen Ebene, weil sie auf diesem Gebiet jetzt mehr verstanden als die anderen.

Die Leute kamen also in die Gemeinden zurück und begannen, die Autorität der Leiter zu untergraben. Schließlich wußten sie wirklich, wie man beten mußte! Sie maßten sich Dinge an, die ihnen nicht zustanden. Anstatt ihren Pastor im Gebet zu unterstützen, wurden sie für ihn eine Bürde, für die er beten mußte.

Manche meinten, sie müßten selbst Pastor sein. Sie waren auf Ämter aus, zu denen sie nicht berufen waren. Es liefen da viele dumme Sachen. Man fragte sich: Wie konnte das alles so ausarten?

Der Ablauf war so: Sie nahmen die Wahrheit – die Fürbitte – an, aber dann gingen sie von falschen Vorstellungen aus. Sie dachten, daß ihr neues Verständnis für ein altes Prinzip Gottes mit einer großen persönlichen geistlichen Entwicklung gleichzusetzen sei. Aber Wissen und Reife sind überhaupt nicht auf diese Weise verbunden.

Sie können viel Wissen und Verständnis in bezug auf die Heilige Schrift haben, aber doch nicht reif sein. Wenn Sie nicht die Frucht des Geistes erbringen und treu und gehorsam die Werke Jesu tun, werden sie geistlich nicht reifer sein als jemand ohne ihr vieles Wissen. Wissen bedeutet nicht geistliche Reife. Das, was Sie mit dem Wissen tun, läßt erkennen, wie reif Sie wirklich sind.

Zu neuen Erkenntnissen können wir durch Wissen und Verstand kommen, aber geistliche Reife erweist sich in der Umgestaltung des inneren Menschen und, daraus resultierend, im Wandel des Christen.

Denjenigen, die es lernten, die Wahrheit der Fürbitte

richtig umzusetzen, galt der eigentliche Ruf. Aber andere nahmen diese Wahrheit und setzten ihre Mutmaßungen, die auf ihren eigenen Wünschen, ihrem Willen und ihren Erfahrungen basierten, hinzu. Sie begaben sich dann auf geistliche Gebiete, wo sie nicht hingehörten.

Das Resultat waren viele Probleme in den Gemeinden. Es wurden Arten und Wege der Fürbitte gelehrt und gepredigt, die sich nicht strikt an die Bibel hielten.

In der Endzeit mögen sich Christen, wenn sie nicht in dieser Hinsicht achtsam sind, Berufungen und Bestimmungen anmaßen, die nicht von Gott sind. Dadurch kann ein Geist der Täuschung sie irreführen und sie vom richtigen Weg abbringen.

Wir müssen deshalb geistlich sensitiv und einfühlsam sein. Wir müssen auf der Wellenlänge des Geistes bleiben, um die geistliche Quelle und den Verlauf neuer Dienste und wiederentdeckter geistlicher Prinzipien beurteilen zu können.

Wenn es von Gott ist, wird es nicht zuschanden

Die Tage nach Pfingsten waren eine rege und erlebnisreiche Zeit. Viele Veränderungen geschahen, die das Volk mitbekam. Die Apostel gingen umher und taten erstaunliche, von Gott gewirkte Dinge. Nicht jedem gefiel das. Viele – besonders das religiöse Volk – waren ganz und gar nicht damit einverstanden.

Als die Apostel vor den Hohen Rat geschleppt worden waren, hatte Gamaliel, einer der führenden Leute der Pharisäer und ein Gesetzeslehrer, einen guten Rat für seine Kollegen:

> *Ihr Männer von Israel, überlegt euch wohl, wie ihr mit diesen Leuten verfahren wollt! Denn*

wenn dieses Vorhaben oder dieses Werk von Menschen ausgeht, so wird es zunichte werden. Hat es aber seinen Ursprung in Gott, so werdet ihr diese Leute nicht zu vernichten vermögen. Laßt ihr euch nur nicht gar als Widersacher Gottes erfinden (Apostelgeschichte 5,35.38.39).

Ja, wir müssen uns davor hüten, daß wir uns gegen Gottes Wirken stellen, nur weil wir nicht an die Terminologie, die Methoden und den Stil der neu in Erscheinung tretenden Reichsgottesarbeiter gewöhnt sind.

Die Gemeinde muß darauf achten, nicht alles zu akzeptieren, das vorgibt, von Gott zu sein. Nur weil es eine gute Idee ist, muß es noch nicht die Wahrheit sein. Aber sie sollte auch nicht Dinge verwerfen, nur weil sie ihr so anders vorkommen.

Etwas ungewöhnlich mag auf Sie wirken, was ich im nächsten Kapitel über die Platzanweisung und Stellung eines Christen sage. Ich glaube, daß es eine besondere geistliche Ordnung im Reich Gottes gibt, die der Organisation des leiterschaftlichen Dienstes in der Gemeinde insgesamt dient. Darauf will ich im nächsten Kapitel näher eingehen.

Kapitel sieben

Geistliche Platzanweisung

Ein Prinzip Gottes ist es, jedem Gläubigen seine Platzanweisung zu geben. Es geht dabei nicht darum, daß einer besser als der andere dasteht oder daß der eine über den anderen herrschen kann, denn im Reich Gottes sind die vorrangigen Arbeiter die größten Diener der anderen.

In einer natürlichen Armee gibt es Planstellen, die den Soldaten zugewiesen werden. Und es gibt Dienstgrade, womit ihnen ein bestimmter Rang verliehen wird. So sind sie in der Lage, ihre speziellen Aufgaben zu erfüllen. Jeder in der Armee kennt seinen Dienstgrad. Wenn er Hauptmann ist, nimmt er nicht die Stellung eines Generals ein. Und wenn er General ist, nicht die eines Oberleutnants. Jeder kennt seinen Dienstgrad und seine Stellung, die ihm zugewiesen sind. Der Wechsel auf einen anderen Posten ist erst möglich, wenn er von oben angeordnet wird.

So sollte es auch in Gottes Armee sein. Wir sind Teil Seiner Streitkräfte und müssen es lernen, die Position, zu der wir berufen sind, zu erkennen und diesen Bereich auszufüllen. Dann kann die Arbeit richtig getan werden.

Lesen Sie einmal, wie die Streiter Israels, die sich um David geschart hatten, beschrieben werden:

> ... 50 000 Mann, die zum Heeresdienst auszogen,
> in voller Kriegsrüstung und einmütig sich ord-

nend ... Alle diese Kriegsleute, zum Kampf in Schlachtreihen geordnet, kamen einmütigen Sinnes nach Hebron (1. Chronik 12,33.38).

Das waren Männer, die das eine Ziel hatten, David anstelle von Saul zum König von Israel zu machen (1. Chronik 12,23). Sie waren einmütig, eines Sinnes, und jeder verfolgte entschlossen das gesetzte Ziel. Wenn solch eine Einstellung vorhanden ist, fällt es dem einzelnen leicht, seinen Platz in den Reihen einzunehmen.

Wenn Gott heute Leute beruft, sich Seiner Armee anzuschließen, haben manche Schwierigkeiten, ihren Platz in den Reihen zu finden. Die, welche von sich zu hoch denken, haben ebenso Probleme wie die, welche sich zu niedrig einschätzen.

Es kommt zu Komplikationen, wenn wir versuchen, einen Posten zu übernehmen, der uns nicht zusteht. Es gibt aber auch Probleme, wenn wir einen Posten nicht einnehmen, der für uns bestimmt ist. Wenn wir unseren Platz schließlich gefunden haben, haben wir dort zu bleiben, bis Gott uns eine neue Platzanweisung gibt.

Wenn wir uns in unserer Stellung befinden, müssen wir wissen, wie wir mit den spezifischen Nöten an diesem Platz umzugehen haben. Wir müssen aber auch mit den anderen in Kontakt stehen, damit das Wohl des Ganzen nicht aus den Augen verloren wird.

In einer meiner Versammlungen sprach der Geist des Herrn: „Viele haben bereits angefangen, einen abweichenden Weg einzuschlagen." Und dann fuhr Er fort, die Abweichler zurück in die Reihen und in die richtige Stellung zu rufen. Sie sollten davon ablassen, weiter in die falsche Richtung zu gehen, dem eigenen Willen zu folgen und eigene Wege einzuschlagen.

Der Heilige Geist ruft auch heute Christen auf, sich zu demütigen und sich zurück in die Reihen zu begeben, so daß sie wieder in ihrer eigenen Berufung und damit im Segen des Herrn stehen. Es schmerzt Ihn, wenn einige nicht mehr dorthin zurückkehren wollen, wohin sie gerufen wurden.

Kürzlich kam in einer Versammlung eine Weissagung darüber, daß der Herr in dieser Zeit in der Gemeinde besonderen Wert darauf legt, daß jeder seine Stellung innerhalb der Gesamtordnung einnimmt. Ich möchte Sie jetzt zuerst mit der Weissagung bekannt machen, und dann gehe ich darauf ein, was sie zu bedeuten hat.

Eine Weissagung durch Roberts Liardon

In vielen Teil der Welt gibt es Regierungsprobleme. Auch im geistlichen Bereich gibt es sie, wenn es um Einordnung und das Einnehmen der richtigen Stellen geht. Denn viele falsche geistliche Obrigkeiten treten auf, die nach Art und Willen der Menschen herrschen, so daß die Herrschaft nicht nach Meinem Plan und Meinem Geist geschieht.

Viele haben Systeme aufgebaut, durch die sie groß herauskommen wollen. Andere taten dasselbe, um sich Sicherheit zu verschaffen. Aber es sind falsche Regierungen. Sie werden fallen, wie auch im weltlichen Bereich Regierungen gestürzt werden. Ihr werdet sehen, wie falsche (geistliche) Obrigkeiten verschwinden und falsche Wahlen (zu geistlichen Ämtern) korrigiert werden.

Nicht alle, die so gehandelt haben, wollten Böses tun. Manche taten es aus Unkenntnis. Ich habe zu ihnen geredet, aber einige hören nicht. Nun werde Ich sie aus ihrer Stellung entfernen. Habe Ich nicht gesagt, daß Ich Könige einsetze und absetze? Das ist auch im geistlichen Bereich so. Ich bin der, der Menschen einsetzt, aber auch

der, der, wenn nötig, sie wieder absetzt. So wun-
dert euch nicht über die Obrigkeitswechsel, denn
es ist Mein Geist, der sie bewirkt. Und es wird
neue, gesalbtere Obrigkeit eingesetzt.

Ja, es gibt Obrigkeit, die genau in Meinem Geist
steht und handelt, und Ich werde sie fördern, und
sie wird bleiben. Aber die andere, die Ich nicht
erwählt und nicht gesetzt habe, muß gehen.

Ihr werdet das Entstehen apostolischer Zentren
erleben, von denen Kraftwirkungen ausgehen
und von denen viele Dinge geregelt und koordi-
niert werden. Von diesen Zentren aus werde Ich
die Atmosphäre des Landes ringsumher beein-
flussen. Es wird eine größere Salbung für leiter-
schaftliche Aufgaben der Gemeinde geben, und
es werden neue Gemeinden in Gegenden entste-
hen, wo die Leute bisher unzugänglich waren. Wo
Menschen keine Gemeinde wollten, werde Ich
Gemeinde bauen.

Es gibt viele, die auf diese Zeit gewartet haben.
Nun ist sie da. Nun leben sie in ihr, nun können
sie sich beteiligen. Sie werden erleben, wie sich
Dinge in ihrer Stadt und in ihrem Land verän-
dern.

Ja, die Städte werden einen Umbruch erleben.
Eine Eruption guter Dinge wird stattfinden. Das
wird geschehen, wenn die geistlichen Regie-
rungsstellen, die Ich für diese Zeit bestimmt
habe, eingerichtet sind und ihre Arbeit aufneh-
men. Damit ist ein Neuanfang geistlicher Regie-
rung auf Erden gegeben.

Seht, Ich habe geplant, Meinen apostolischen
Gaben, Meinen prophetischen Gaben und Mei-
nen Dienstgaben wieder Wirkung zu verschaffen.
Ich baue Zentren auf, von wo diese Wirkungen in
das Land, in dem sie stehen, ausgehen.

*Damit wird das Werk der Endzeit beschleunigt,
es wird nicht mehr so viele Arbeiten im Fleisch
geben. Es werden Menschen auftreten, die aufgrund Meiner Führung und Eingebung Worte
verkünden und weissagen. Daraufhin werden
sich Dinge verändern, ja sozusagen über Nacht
werdet ihr Verwandlungen erleben.*

*Ihr werdet erkennen, daß es Mein Geist ist, der
wirkt, und ihr werdet erkennen, daß Mein Wille
ausgeführt wird.*

*Ja, es wird viel Widerspruch und Widerstand ge-
ben. Habt ihr etwas anderes erwartet? Ich richte
diese Zentren ein, damit Mein Wille geschieht,
und der Feind mag das natürlich nicht. Aber wir
werden Sieg haben. Mein Wille soll in dieser
Endzeit nicht vereitelt werden.*

*Ob im Norden, Süden, Osten oder Westen: große
Männer und Frauen, die ihr noch nicht gesehen
habt, werden ihre Stimme erheben. Ich habe neue
Obrigkeiten und neue Leiter vorgesehen, und sie
werden kommen und kommen. So bereitet eure
Augen und Eure Herzen für die Veränderungen
vor, über die ihr heute abend gehört habt.*

*Es wird so kommen, daß sich auch die Landes-
regierungen über diese Zentren, die Ich aufge-
richtet habe, Gedanken machen, sagt der Herr.
Gedanken, weil offenbar wird, daß eine höhere
Autorität Dinge regelt, die sie nicht kennen und
für die sie kein Gespür haben. Und sie werden
Dinge gegen die Gemeinden und Zentren im
natürlichen Bereich tun, aber sie werden sie
nicht kleinkriegen. Diese werden sich vielmehr
über diese Dinge hinwegsetzen und unbeirrt vor-
wärtsgehen, weil sie ihren Gott kennen und große
Dinge erwarten – neue Obrigkeiten, neue Visio-
nen, neue Vorhaben.*

Apostolische Zentren

Manche Leute hören die Worte „geistliche Obrigkeit"
oder „apostolische Zentren" mit Skepsis, denn sie klingen so ungewohnt. Sie schrecken zurück, ohne überhaupt
innerlich vom Geist her die Echtheit des Konzepts geprüft zu haben. Und sie haben auch nicht in der Schrift
nachgeforscht, ob sie dort nicht die Grundlage dafür finden können.

Da es für viele ungewöhnliche Worte sind, finden sie
sie befremdend. Und weil der Teufel manches von dem,
was Gott in den vergangenen Jahrzehnten erneuerte, in
Knechtschaft umwandeln konnte, sind viele Menschen
gegenüber dem Heiligen Geist nicht so offen, wie sie es
sein sollten, besonders wenn es um Wahrheiten auf diesen Gebieten geht.

Die Geschichte zeigt, daß es in den von Gott bestimmten Zeiten der Veränderung immer wieder Christen
gab, die gegen die Wahrheiten der Erneuerung ankämpf-
ten, weil sie ihnen befremdlich vorkamen. Vom Tag der
Pfingsten an, wo die Ausgießung des Heiligen Geistes die
religiösen Führer von Juda aufbrachte, bis zu Martin Luther und auch danach ist diese Einstellung immer wieder
zu beobachten gewesen.

Die menschliche Natur mit ihrer Angst vor Veränderungen behielt in jenen ablehnenden Christen die Oberhand über die neue Natur. Dabei waren die neuen Dinge
nur Gottes alte Dinge, die in neuer Frische und Form dar-
geboten wurden. Gott selbst verändert sich nicht (Male-
achi 3,6).

Das Werk dieser geistlichen Leitungs- und Regie-
rungszentren ist eine Fortführung der vielen Beispiele in
der Schrift, wo Gott einen oder mehrere Menschen dazu
gebrauchte, Seine Botschaft für diese Zeit zu verkündigen.

- Mose und Aaron dem Pharao (2. Mose
- Jesaja und Jeremia dem Volk Israel (si
  Jesaja und das Buch Jeremia).
- Daniel und seine Freunde den natürlic
  von Babylon und Persien. Viele Jahre waren
  Babylon und beteten, studierten und arbeiteten zu-
  sammen (siehe das Buch Daniel).
- Die Apostel der Frühgemeinden. Sie erreichten von
  ihren Zentren aus Dörfer, Städte und Regierungen.
  Das ging so bis zu der Zeit, als Rom fiel.
- Martin Luther der Kirche seiner Tage. Er kam nicht
  mit einer Kompromißbotschaft, die niemandem weh
  tat. Er heftete seine Thesen an die Kirchentür und
  stand dazu!

Sich über den eigenen Ruf und die eigene Stellung klar werden

In diesen Tagen ist es so wichtig, innerhalb des eigenen
Rufs zu bleiben. Es war zwar schon immer wichtig, aber
zu dieser Stunde hat es größere strategische Bedeutung.
Ja, es ist gefährlich für uns, in den Ruf und den Dienst
eines anderen eintreten zu wollen, den Gott uns nicht gegeben hat.

William Branham war ein großer Heilungsevangelist
und Prophet der Heilungsbewegung der vierziger und fünf-
ziger Jahre. Aber er begab sich aus seinem Ruf hinaus in
den Irrtum. Er war eine prophetische Stimme, aber er entschloß sich zu lehren. Bis auf diesen Tag gibt es immer noch
in Gemeinden Probleme, weil Branham seinen Ruf verließ
und versuchte, sich einen anderen Dienst anzueignen.

Wenn Gott Ihnen einen anderen Ruf gibt, ist das recht.
Aber hüten Sie sich davor, nach dem Ruf der Leute zu
gehen und ohne Gottes Billigung eigenmächtig in neue
Dienste einzutreten.

Johannes der Täufer ist ein gutes Beispiel für jemand, der innerhalb seines Rufes wirkte. Er hatte den Dienst eines Wegbereiters. Er sollte dem Herrn den Weg bahnen. Nicht lange nachdem er seinen Auftrag erfüllt hatte, verschwindet er von der Bildfläche und tritt nicht mehr in Erscheinung. Schon bevor Herodes ihn ins Gefängnis bringen ließ, sagte Johannes: *„Er (Jesus) muß wachsen, ich aber abnehmen"* (Johannes 3,30).

Diese Feststellung gibt uns Einblick in den Charakter dieses Mannes und sein Verständnis für geistliche Dinge. Im Natürlichen wollen die Menschen an Bedeutung nicht ab-, sondern zunehmen. Sie wollen weiter tätig sein, wollen noch mehr erreichen.

Hier war ein Prophet Gottes, dessen ganzer Dienst darin bestand, den Weg des Hern zu bereiten. Und er wußte darum. Als der Herr Seinen Dienst aufnahm, war sein Dienst beendet. Er mußte sich zurückziehen, und die Menschen kamen nun zum Herrn Jesus.

Seine Seele und sein Fleisch hätten ihm darüber Schwierigkeiten machen können. Er hätte sich abgelehnt fühlen können. Er hätte in Selbstmitleid verfallen können, weil er nicht länger gebraucht wurde. Aber nichts von dem. Er wußte, was er zu tun hatte und was nicht. Er blieb im Rahmen seines Rufes und tat darin treu seinen Dienst.

Nicht um Ruf und Stellung wissen

Im Alten Testament haben wir ein Beispiel eines Mannes, der genau das Gegenteil von Johannes dem Täufer tat. König Saul handelte töricht und wurde verworfen.

Nicht lange nachdem Saul König geworden war, stellten sich die Philister zum Kampf gegen Israel auf. Sie bildeten mit 30 000 Kriegswagen, 6 000 Reitern und viel Fußvolk eine große Streitmacht.

Die Israeliten kamen so in Angst, daß sie sich in Höhlen, Kellern und Gruben versteckten. Auch Soldaten in Sauls Armee begannen zu desertieren. Saul wußte, wenn er nicht schnell handelte, würde sein ganzes Heer auseinanderfallen und sich zerstreuen.

Saul befand sich mit seiner Streitmacht bei Gilgal. Er wartete auf den Propheten Samuel, daß dieser Opfer darbrachte, bevor sie sich in den Kampf begaben. Nachdem er sieben Tage auf Samuel gewartet hatten, meinte Saul, nicht länger warten zu können.

Er (Saul) wartete nun sieben Tage bis zu der von Samuel bestimmten Zeit. Als Samuel aber nicht nach Gilgal kam und seine Leute ihn verließen und sich zerstreuten, befahl Saul: „Bringt mir die Tiere für das Brandopfer und die Heilsopfer her", und er vollzog das Brandopfer. Kaum war er aber mit der Darbringung des Brandopfers fertig, als Samuel erschien. Saul ging hinaus ihm entgegen, um ihn zu begrüßen.

Samuel aber fragte: „Was hast du getan?" Saul antwortete: „Weil ich sah, daß das Kriegsvolk mich verließ und sich zerstreute und du zur bestimmten Zeit nicht kamst, die Philister aber sich schon bei Michmas gesammelt haben, da dachte ich: Jetzt werden die Philister gegen mich nach Gilgal herabziehen, ehe ich noch die Huld des Herrn für mich gewonnen habe. Da habe ich mir denn ein Herz gefaßt und das Brandopfer dargebracht."

Da sagte Samuel zu Saul: „Du hast töricht gehandelt, daß du das Gebot, das der Herr, dein Gott, dir gegeben hat, nicht beachtet hast, sonst hätte der Herr jetzt dein Königtum über Israel für immer bestätigt. Nun aber wird dein Königtum keinen Bestand haben. Der Herr hat sich ei-

nen Mann nach Seinem Herzen gesucht, und der
Herr hat ihn zum Fürsten über Sein Volk bestellt.
Denn du hast nicht befolgt, was der Herr dir ge-
boten hatte" (1. Samuel 13,9-14).

Saul ging von einer Annahme aus. Er hielt es für eine
gute Idee, die Dinge anzupacken, damit nicht noch mehr
Verzögerung entstand.

Wie reagierte Gott? Sagte Er: „Eine gute Idee von dir,
Saul. Du hast dir selbst aus der Patsche geholfen. Alle
Achtung!?" Nein, sein Handeln gefiel Gott nicht.

Saul hatte die Berufung und die Salbung, König zu
werden, aber indem er Opfer darbrachte, verließ er den
ihm zugewiesenen Rahmen und maßte sich etwas an, was
nur einem Priester zustand.

Samuels Antwort gibt wieder, was Gott wirklich über
Sauls Handeln dachte:

> *Du hast töricht gehandelt. Du hast das Gebot des*
> *Herrn, deines Gottes, nicht gehalten, das Er dir*
> *geboten hat. Denn gerade jetzt hätte der Herr*
> *dein Königtum über Israel für immer bestätigt.*
> *Nun aber wird dein Königtum nicht bestehen.*
> *Der Herr hat sich einen Mann gesucht nach Sei-*
> *nem Herzen, und der Herr hat ihn zum Fürsten*
> *über Sein Volk bestellt; denn du hast nicht ge-*
> *halten, was der Herr dir geboten hatte (1. Samuel*
> *13,13-14).*

Diejenigen, die in großer Salbung und Kraft des Herrn
wirken, müssen darauf achten, nicht eigensinnig zu werden, wie es bei Saul der Fall war. In diesen Zeiten müssen die Pastoren Demut des Geistes behalten und fein-
fühlig genau nach dem handeln, was der Herr sagt.

Sollten sie aber einmal Fehler machen, werden sie innerlich Klarheit darüber bekommen und Korrektur erfah-

ren. Oder Gott sendet einen Mann oder eine Frau, um ihnen zu sagen, daß sie mit ihrem Handeln an Gottes Willen vorbeigehen. Auch dann geht es darum, demütig zu sein und Korrektur anzunehmen.

Lassen Sie uns noch sehen, wie sich Saul in 1. Samuel 15 verhielt: Beim Krieg gegen die Amalekiter vollzog er nicht, wie befohlen, an allem den Bann, sondern verschonte einen Teil.

Das Wort des Herrn war zwar durch Samuel an Saul ergangen, aber dieser befolgte es nicht. Als er auf seinen Ungehorsam aufmerksam gemacht wurde, war seine erste Reaktion, sich selbst zu rechtfertigen, und seine zweite, andere zu beschuldigen (1. Samuel 15,13.21).

Saul sperrte sich gegen Korrektur, bis der Prophet ihn zu dem zurückführte, was Gott sagte. Da sah er es schließlich ein. Aber es war zu spät (1. Samuel 15,24-26).

Selbst dann war Saul noch mehr darum besorgt, wie es seinem Ruf in der Öffentlichkeit ging, als seinem Ruf in Gottes Augen (1. Samuel 15,30-31): Er bat Samuel, ihm Ehre vor dem Volk zu erweisen, indem er mit ihm zum Gottesdienst ging.

David, Israels zweiter König, fiel auch in Sünde, aber seine Herzenshaltung war anders. Als Nathan, der Prophet, zu ihm kam und ihm die Schuld auf den Kopf zusagte, bereute David sein Handeln, tat Buße und machte auch Gott keine Vorwürfe, daß sein Kind starb, das aus seiner unerlaubten Beziehung mit Batseba stammte (2. Samuel 12).

Eifer und Hingabe
müssen innerhalb des Rufes geschehen

Wir haben schon darüber gesprochen, wie wichtig es ist, zwischen einer guten Idee und der Wahrheit zu unterscheiden. Genauso wichtig ist zu erkennen, was Übereifrigkeit und was tatsächlicher Ruf ist. Besonders jüngere Reichsgottesarbeiter müssen hier achtsam sein. Wenn sie um ihren Ruf wissen (1.Timotheus 4,14-16), sollten sie nicht in ihrem Eifer und ihrer Begeisterung über das Ziel, sprich ihre Grenzen, hinausschießen und überall mitmischen wollen.

Als ich in den Dienst trat, war ich deshalb sehr achtsam. Ich erhielt Einladungen, da und dort zu sprechen. Ich habe aber immer in meinem Geist geprüft, ob ich bestimmte Dinge tun und bestimmte Plätze besuchen konnte. Ich hatte den Eifer, überall hinzugehen, aber ich hatte darauf zu achten, vor lauter Eifer und Begeisterung nicht übermütig zu werden und in Fehler zu verfallen. Weisheit und Verständnis müssen den Eifer begleiten und ihn, wenn nötig, zügeln.

Besonders diejenigen, die einen prophetischen Dienst tun, müssen noch auf etwas achten, damit die, denen sie dienen, innerhalb ihres Rufes bleiben: Gottes Zeitplan.

Wenn Sie zum Beispiel auf der Autobahn fahren und auf einem Hinweisschild eine Autobahntankstelle angekündigt wird, werden Sie nicht gleich auf die Bremse treten. Nein, Sie wissen, es vergeht noch eine Zeit, bis die Ausfahrt kommt. Erst dann gehen Sie mit dem Tempo herunter, biegen ab und fahren auf die Tankstelle zu.

Manchmal geschieht es aber, daß Leute, die im prophetischen Dienst stehen, einen Ruf in die Gegenwart verlegen, der für die Zukunft gemeint ist. Manche Angesprochene sind daraufhin vorzeitig aktiv geworden und haben ihrem Dienst geschadet.

Das passiert manchen Reichsgottesarbeitern: Sie haben ohne Zweifel einen Ruf Gottes, aber sie leben in einem Bereich, in den sie noch nicht gehören. Nach einer gewissen Zeit wäre es soweit, daß sie wirklich dort leben könnten. Aber sie wollten die Zeit nicht abwarten und wollten gleich dort sein, was zu einem Fehlschlag führte.

Ich erinnere mich gerade an einen Mann, der nicht mehr im Dienst steht und der böse auf andere Christen ist. Aber es war sein eigener Fehler. Er blieb nicht dort, wo Gott ihn hingestellt hatte. Er hätte nicht ungeprüft nach dem gehen dürfen, was die Leute über ihn weissagten. Wenn eine Weissagung für die Zukunft bestimmt ist, darf sie in ihrer Gültigkeit nicht auf die Gegenwart bezogen werden.

Derjenige, der über Sie weissagt, mag die Dinge nicht genügend im Zusammenhang sehen. Er sieht etwas Zukünftiges, das, wenn es gleich gültig würde, Probleme in Ihr Leben und Ihren Dienst bringen würde. Ich habe schon erlebt, wie Leute über mich weissagten, und ich wußte dabei, daß das, was sie sagten, richtig war. Aber sie gaben das Wort so, als wäre es für die Gegenwart bestimmt, während ich in meinem Geist wußte, daß es für eine andere Zeit galt.

Weissagungen beurteilen

Wir müssen die Weissagungen prüfen und beurteilen, damit wir innerhalb unseres Rufes bleiben. Wir müssen zum Herrn gehen und uns vergewissern, daß die Worte richtig sind, und fragen, wie sie zeitlich einzuordnen sind. Lassen Sie sich nicht durch den großartigen Klang von Weissagungen dazu verleiten, eine höhere Position einzunehmen, ehe die richtige Zeit dafür gekommen ist.

Ich versuchte, das dem jungen Mann, den ich schon erwähnte, zu erklären. Ich sagte ihm, daß er zuerst Buße darüber tun müsse, die anderen für seine Fehler zu beschuldigen, denn das, was geschehen war, war sein Fehler gewesen.

Er erwiderte: „Aber der Bruder Soundso hat mir das geweissagt!"

Nun, der gleiche Mann hatte auch schon über mich geweissagt, und ich kannte seinen Dienst.

Ich sagte dem jungen Mann: „Dieser Mann hat eine Berufung, und er spricht das Wort des Herrn. Ich liebe ihn und schätze ihn. Ich war in der Versammlung, in der er über dich weissagte. Was er sagte, war richtig. Er irrte sich aber in bezug auf die Zeit, in der das geschehen soll."

„Als er damals über mich weissagte, passierte dasselbe: Mein Verstand war sehr angetan davon und sagte ja, ja, ja. Aber innen, im Geist, hieß es nein, nein, nein. Deshalb ging ich nach Hause, betete darüber und wußte, daß dies für die Zukunft gemeint war. Anders war es bei dir: Du hast das nicht getan, sondern nahmst es einfach für die Gegenwart an und hast danach gehandelt."

Wenn es dem Feind nicht gelingt, jemand von seinem Ruf abzubringen, versucht er wenigstens, ihm einen Lockvogel vor die Nase zu hängen, um ihn dazu zu bringen, vorzeitig durch offene Türen zu gehen. Nicht jede mögliche offene Tür ist vom Herrn. Darauf muß man achten. Der Eifer kann jemand dazu verführen, unüberlegt durch Türen zu rennen, ohne geprüft zu haben, ob das im Moment der richtige Weg ist – besonders wenn es wie eine wunderbare Gelegenheit aussieht.

Offene Türen

Bei offenen Türen muß man also trotzdem auf Gottes Timing achten. Oft werden hier Fehler begangen. Was vielleicht in den sechziger Jahren zehn Jahre brauchte, kann heute unter Umständen nur ein Jahr brauchen. In den Tagen vor uns wird das richtige Timing entscheidend sein.

Wer in seinem persönlichen Leben an Dingen festhält, die die eigenen und nicht Gottes Wünsche darstellen, wird die Erfüllung des Rufes Gottes in seinem Leben vereiteln.

116

Manchmal sehen die Dinge so gut aus, daß man den Eindruck hat, man sollte sie tun. Es können sogar große Dinge sein. Wenn sie jedoch nicht in Gottes Plan und Zeit für Sie sind, werden sie Ihnen und Ihrer Berufung ein Hindernis sein.

Mehr Beweglichkeit, nicht mehr Sicherheit

Wir müssen Leute sein, die sich schnell bewegen können, wenn Gott ruft. Wenn Gott Sie dazu berufen hat, in den vollzeitlichen Dienst zu gehen, sollten Sie Ihren Dienst so organisieren, daß er nicht zu sehr dem Diktat der Zeit unterliegt und Ihren Handlungsspielraum nicht zu sehr einengt.

Der Heilige Geist mag Sie anleiten, an einen bestimmten Platz zu gehen. Wenn Sie Ihren Dienst so gestaltet haben, daß er Ihre Aktivitäten völlig verplant, können Sie das nicht. Ein festes Programm mit einem zwangsläufigen Ablauf gibt zwar ein gewisses Maß an Sicherheit, aber die Gefahr besteht, daß Sie im Natürlichen so festgelegt sind, daß Sie nicht agieren können, wenn der Geist Sie beauftragt, irgendwo anders hinzugehen.

Wenn Sie Gott ständig auf diese Weise ungehorsam sind, werden Sie merken, daß die Salbung in Leben und Dienst nachläßt. Weil es Ihnen zu sehr um Sicherheit geht, wird Gott die Möglichkeit genommen, Sie so zu gebrauchen, wie Er es will.

Die organisatorische Seite des Dienstes darf nur Hilfe sein, nicht Herrschaft. Lassen Sie nicht zu, daß die natürlichen Mechanismen des Dienstes diktieren, wo Sie hingehen und was Sie tun.

Wenn Sie zulassen, daß das Natürliche die Oberhand gewinnt, wird einst offenbar werden, daß Sie viel versäumt haben. Sie werden den Herrn fragen: „Wieso? Ich tat doch alles, so gut ich konnte!"

Dann muß der Herr Sie darauf aufmerksam machen, daß Sie sich mehr auf die natürlichen Faktoren in Ihrem Leben und Dienst konzentrierten als auf die geistlichen. Er wird vielleicht sagen: „Wenn etwas zu tun war, hast du anderen mehr Gehör geschenkt als Mir!"

Das ist etwas, was ich für meine Person nicht zu hören bekommen möchte. Am Ende findet eine Scheidung statt: Alles, was nicht von Gott geschah, wird verbrennen. Mein Verlangen ist es, wie Jesus zu sein, der zum Vater sagen konnte: *„Ich habe Dich hier auf Erden verherrlicht und habe das Werk vollendet, dessen Vollführung Du Mir aufgetragen hast"* (Johannes 17,4).

Jesus tat nur das, was der Vater Ihm zu tun auftrug – und zwar zu dem Zeitpunkt, den der Vater Ihm zu verstehen gab. Alles geschah bei Ihm in Abstimmung mit dem Vater.

Bei manchen Leuten sind Abstriche auf dem himmlischen Konto gemacht worden, weil sie ihren Dienst nicht in Abstimmung mit dem Herrn taten. Es geht nicht nur darum, aktiv zu werden, sondern auch nach dem Impuls des Heiligen Geists am richtigen Ort und zur richtigen Zeit tätig zu werden.

Es war in Deutschland, als ich vor einer Versammlung im Gebet war. Der Herr sprach zu mir über etwas, das nichts mit der Versammlung zu tun hatte. Er wies mich an, eine Bekannte anzurufen und ihr zu sagen, daß sie nicht zulassen solle, daß die Gelegenheiten über sie herrschten. Ich rief sie daher an und schrieb ihr auch einen Brief. Als ich nach Amerika zurückgekommen war, lud ich sie zum Essen ein und sprach mit ihr über den Vorgang.

Aber es war schon fast zu spät. Sie sah all die Möglichkeiten vor sich, und sie konnte nicht mehr klar hören, was der Geist ihr sagte. Sie war so voll von dem, was vor ihr lag, daß sie mich nicht richtig anhörte. Sie blickte mich an, aber es war so, als sähe sie mich nicht. „Höre bitte", sagte ich ihr, „laß die Möglichkeiten nicht über dich herrschen."

„Ich höre dich, Roberts", erwiderte sie. Aber sie hörte mich nicht. Sie war weit weg und ließ die Botschaft nicht an ihr Herz heran.

Gott versucht, dem Leib Christi unserer Tage Botschaften zu geben, aber manche wollen sie nicht hören. Sie wollen ihren eigenen Weg gehen und nach ihren eigenen Entscheidungen und Wünschen handeln. Falsche Dienste können so entstehen.

Unsere Arbeitsbeschreibung

Ich gebrauche häufig Kathryn Kuhlman als Beispiel, weil ich mich mit ihrem Dienst intensiv befaßt habe und verhältnismäßig viel über sie weiß. Immer wieder wollen Leute wissen, wie es kommen konnte, daß in ihrem Dienst so viele Wunder geschahen. Was hat sie so sehr von anderen unterschieden? Daß sie in ihrem Ruf blieb! Niemand konnte sie dazu bringen, etwas außerhalb dessen zu tun, wofür sie Gottes Ruf hatte.

Einige Leute meinten, daß gebaut und dies oder jenes getan werden sollte. Manche versuchten sie dazu zu bringen, das zu tun, was sie wollten. Aber Kathryn Kuhlman lachte einfach, sah sie an und sagte mutig: „Das werde ich nicht tun!" Manche Leute waren ihr deshalb gram.

Ein Predigerbruder, den ich kenne, wollte sie dazu bewegen, ein Bauvorhaben durchzuziehen. Er war überzeugt, daß der Gedanke von Gott kam, aber sie war genauso überzeugt, daß er nicht von Gott war. Sie antwortete: „Es liegt nicht innerhalb von dem, was ich als Arbeitsbeschreibung bekommen habe. Gott hat mich nicht gerufen, das zu tun. Du magst zu etwas anderem berufen sein, aber ich zu dem."

Ich glaube, daß viele Menschen auch einen so großen

Ruf wie sie hatten, aber sie wurden abgelenkt und gelangten auf Nebengeleise. Sie gingen dazu über, gute Ideen zu verwirklichen, und verloren das Wahre. Sie kamen nie in die volle Durchschlagskraft ihres Dienstes hinein. Es braucht göttliche Disziplin, um im Segensstrom und der Salbung zu bleiben. Das fällt nicht immer leicht. Man muß oft dem Ziehen und dem Druck der anderen widerstehen.

Nehmen Sie sich im Tagesablauf immer wieder Zeit abzuklären, ob Sie wirklich dem Herrn zu Diensten stehen oder nicht. Lassen Sie sich nicht in das Wettrennen der Welt einspannen.

Gott versucht, die Gemeinde wachsam und wahrnehmungsfähig zu machen. Sollte ein Christ aber etwas abgeirrt sein, braucht es trotzdem nicht viel, um wieder zurück in den Ruf zu gelangen: Gebet, Buße, aus dem Fehler lernen und zurück auf den Weg treten, den Gott bereitet hat. Ein solches Tun kann zu den schönsten Stunden des Lebens zählen.

Wenn Gott Sie zu einem bestimmten Dienst ruft und dort in die Verantwortung stellt, geht es nicht nur darum, diesen Dienst zu versehen, sondern ihn auch nach Gottes Zeitplan zu tun. Wenn diejenigen mit Dienstgaben ihr Amt ohne die Zeitabstimmung mit Gott ausüben, werden sie ihrer Verantwortung nicht gerecht. Das ist ein großes Problem bei manchen Leuten mit apostolischem oder prophetischem Ruf.

Eine andere Weise, auf die manche Christen heute fehlgehen, besteht darin, daß sie sich Positionen und Dienste aneignen, für die sie nie berufen wurden. Dieser Irrtum führt oft zu Komplikationen.

In einem natürlichen Haus müssen die Kinder nicht über alles Bescheid wissen, was im Haus vorgeht. Sie werden sehr geliebt, und alle ihre Bedürfnisse werden gestillt. Doch es gibt Dinge, die Vater und Mutter wissen, die Kinder aber nicht zu wissen bekommen. Das heißt nicht, daß sie schlecht behandelt werden. Nein, es wird damit sogar in ihrem besten Interesse verfahren.

Es gibt Dinge, die mündige Christen wahrnehmen, aber unreife Christen nicht zu wissen brauchen. Bestimmte Dinge sind für sie (noch) nicht von Belang. Sie wären auch nicht fähig, damit richtig umzugehen. Wenn daher etwas nicht in Ihrem Ruf liegt, sollten Sie ruhigen Gewissens davon Abstand nehmen.

Wenn zum Beispiel ein fünfjähriges Kind versucht, die Verantwortung für den Lebensunterhalt der Familie auf sich zu nehmen, ist es restlos überfordert. Dasselbe trifft auf den geistlichen Bereich zu, wenn Leute Ämter einnehmen, für die sie nicht vom Herrn berufen und gestärkt wurden. Es besteht dann die Gefahr der Verwirrung bei ihnen selbst und bei denen, die ebenfalls in dieser Situation stehen.

Prüfen Sie sich

Viele falsche Endzeitdienste gehen von Neigungen und Annahmen der Seele aus. Dünkel und Einbildung führt manche Leute in eine Stellung mit großer Popularität, aber sie hätten besser auf den Herrn gehört und wären dort geblieben, wo sie hingehörten. Ich prüfe mich immer wieder im Geist, ob ich mir nicht einen Rang, ein Amt oder eine Stellung anmaße, zu denen ich nicht bestimmt bin. Versuchen Sie sich also nicht in Positionen zu bringen, zu denen Gott Sie nicht gerufen hat. Prüfen Sie im Geist, und wenn ein Warnsignal aufleuchtet, sollten Sie Abstand nehmen.

Diejenigen, die in dieser Zeit in das schwierige Amt eines Apostels gerufen sind, müssen in gerader Linie Gott folgen und umsichtig und überlegt handeln. Alles, was sie tun, muß *von* Gott sein, muß *im* Heiligen Geist und *im* Zeitplan des Herrn geschehen, sonst werden sie sich Probleme schaffen.

Die im Prophetenamt müssen ihre Quelle prüfen, damit sie sicher sind, daß die erhaltene Eingebung vom Haupt der Gemeinde stammt. Manche Leute, die von Gott gerufen wurden, haben ihren Dienst falsch ausgeführt, indem sie nach dem Geschwätz, das sie hörten, weissagten.

Es ist aber ein Unterschied, ob man nur gelegentlich den Willen Gottes verfehlt oder ob der falsche Dienst dauernd und willentlich geschieht. Manchmal sucht jemand nach einem „Wort", obwohl die innere Führung und Überzeugung im Herzen da ist, die prophetische Gabe zur Zeit nicht auszuüben. Vielleicht fühlt sich die Person unter Druck, etwas geben zu müssen. Unter Umständen ist die Haltung auch mit Stolz verbunden, weil man zu der Person als zu einem großen Diener Gottes aufschaut.

Aus welchem Grund es auch immer geschehen mag, wenn die Leute ständig fortfahren, gegen die innere Stimme des Geistes zu handeln, werden sie über kurz oder lang vom Weg abkommen.

Vielleicht hatten manche von denjenigen, die sich als Apostel oder Propheten ansahen und dann abkamen, wirklich den Ruf dazu. Aber dann erlagen sie der Versuchung, den Dienst aus der Sünde und nicht aus der Leitung des Geistes heraus zu tun. Oder sie maßten sich Dienste an, für die sie noch nicht zubereitet waren und in die Gott sie deshalb noch nicht einsetzen konnte.

Aber weil einige fehlgingen, dürfen wir nicht alles verwerfen. Und wenn wir einmal etwas Falsches tun, müssen wir dies Gott bekennen, die Dinge berichtigen und dann nach Seinem Willen und Plan weitergehen. In die Dienste wird man nicht von Menschen, sondern von Gott eingesetzt.

Einheit im Dienst

Eine große Ernte ist unter den Völkern einzubringen. Es werden alle Dienste gebraucht, damit das Werk getan wird. Wenn wir nicht unsere Platzanweisung beachten, behindern wir die Erntearbeiten. Dem Feind bereitet es Freude, wenn er sehen kann, wie die Einheit des Leibes Christi gestört wird, weil es Spannungen und Spaltungen wegen der Ämter und Dienste gibt.

Es gibt ein Zusammenwirken der verschiedenen Dienstgaben: der Evangelist befaßt sich mit den verlorenen Seelen, der Hirte und Lehrer mit dem Wohlergehen des Leibes Christi, der Prophet verkündigt das Wort des Herrn, und der Apostel kommt einer Art Vaterrolle nach.

Der Teufel liebt es sehr, die Dienstgaben gegeneinander auszuspielen, so daß die Begabten einander beneiden und bekämpfen. Das stiftet Verwirrung in der Gemeinde. In diesen letzten Tagen werden wir aber die Dienstgaben in einer Einheit funktionieren sehen wie nie zuvor. Der Teufel kämpft zwar härter denn je, aber in der Kraft des Heiligen Geistes können wir seinen listigen Anläufen widerstehen.

Dienstgaben erfordern unterschiedliche Aus- und Zurüstung. Nehmen Sie nicht daran Anstoß, daß Gott jemand anders als Sie ausrüstet und im Dienst so gebraucht, wie Sie es nicht gewohnt sind.

Mündige Gemeindeglieder

Vor ein paar Jahren begann der Geist des Herrn mir Leute zu zeigen, die außerhalb des ihnen bestimmten geistlichen Bereiches tätig waren. Zunächst war eine starke Salbung auf ihrem Leben, und sie alle dachten, daß sie nun zu Predigern berufen waren. Sie gingen sogleich auf Bibelschulen. Aber nur einige hatten wirklich den Ruf.

Diejenigen, die ohne einen Ruf zur Bibelschule gingen, wurden auch zu Predigern, aber sie versagten. Nun sind sie zurück in ihrem weltlichen Beruf und fühlen sich schuldig, Gottes Absichten nicht verwirklicht zu haben.

In diesem Fall sollten sie aber speziell Buße darüber tun, daß sie, ohne Klarheit vom Herrn gehabt zu haben, einfach diesen bestimmten Ruf für sich vorausgesetzt hatten. Wenn die Sache bereinigt ist, wird Gott auch wieder die notwendige Salbung geben, und sie können dann ohne Schuldgefühle weiter die Bahn gehen, die ihnen verordnet ist.

Die Salbung auf seinem Leben zu haben, ist für jeden Gläubigen wichtig, ob er Apostel, Pastor oder ein einfaches Gemeindemitglied ist.

In der Endzeit braucht es mündige Gemeindeglieder. Es braucht Gläubige, die voll des Geistes sind. Wenn einer fünf Dienste versieht, wird er nicht alle Dienste so ausfüllen können, wie es erforderlich ist. Es braucht Christen, die das Wort kennen, ob sie auf einer Bibelschule waren oder nicht, und die unter der Anleitung des Pastors bestimmte Dienste übernehmen können.

Ich bete viel für die Leute in meinen Versammlungen, manchmal fast bis zum Umfallen. Ich will mein Bestes tun, ihnen zu helfen. Aber mitunter kommen so viele Leute in eine Versammlung, daß man sich als Pastor nicht um jeden persönlich kümmern kann.

Zur Zeit ist es mir auch unmöglich, allen in meinen Versammlungen persönlich zu dienen. Auf meiner kürzlichen Reise in die ehemalige Sowjetunion konnte ich mich auch nicht um jeden persönlich kümmern, und ich habe deshalb für die vielen, die vor mir standen, auf einmal gebetet. Manchmal ist es schwieriger so zu beten, als individuell für jeden einzelnen.

Die Menschen müssen in den Versammlungen Hilfe erfahren. Dazu braucht es entschiedene, hingegebene Christen, die mit tätig werden, so daß allen geholfen werden kann. Wir brauchen Gemeinden mit ausgebildeten Seelsorgeteams. Es sollten geisterfüllte Gläubige sein, die wissen, wann sie was tun müssen. Leute, die sich der Autorität des Pastors unterstellen, ohne den ihnen zugewiesenen Platz zu verlassen.

Laßt uns den uns bestimmten Platz ausfüllen und damit dazu beitragen, daß Gottes Plan für die Endzeit verwirklicht wird. Gott hat Seine göttliche Art, etwas zu tun, und wenn wir auf sie eingehen, werden wir mächtige Dinge zu Seiner Ehre und Verherrlichung erleben.

Kapitel acht

Gottgelenkte Beziehungen

Etwas anderes, was wir in diesen letzten Tagen vermehrt sehen werden, sind von Gott gelenkte Beziehungen. Damit meine ich Beziehungen zwischen Gemeinden, zwischen christlichen Werken, zwischen einzelnen Gläubigen und sogar zwischen Völkern.

Im Natürlichen finden die Menschen zusammen, weil sie einander mögen oder weil sie gemeinsame Interessen haben wie zum Beispiel Angeln oder Fußballspielen. Göttliche Beziehungen sind aber Verbindungen, die Gott stiftet, um Seine göttlichen Pläne auszuführen.

Diejenigen, die diese Verbindungen zustande kommen sehen, können vom Natürlichen her nicht verstehen, daß diese Personen oder Gruppen eine Verbindung eingehen. Wenn jedoch Gott eine geistliche Gemeinschaft aus Seinen Gründen heraus vorsieht, handeln wir richtig, wenn wir uns in den gottgelenkten Fluß der Dinge schicken.

Ich stehe heute mit Leuten in Verbindung, bei denen ich nicht im Traum daran gedacht hätte, eine Freundschaft mit ihnen einzugehen. Dann gibt es aber auch solche, wo ich normalerweise meinen würde, daß sie mir als Freunde passen würden, und bin doch nicht ihr Freund. In diesen letzten Tagen müssen wir darauf achten, daß wir die von Gott gewollten geistlichen Verbindungen nicht verhindern oder in ihrer Entwicklung hemmen.

Daher kennen wir von jetzt an niemand mehr nach dem Fleisch (nach der in der Welt üblichen Beurteilung); nein, sogar wenn wir früher Christus nach dem Fleisch gekannt haben, so kennen wir Ihn doch jetzt nicht mehr so (2. Korinther 5,16).

Paulus sagt damit, daß von der Zeit Christi an die Gläubigen einander nach dem Geist und durch den Geist kennen. Endzeitliche Beziehungen basieren auf der Geistesverbundenheit und nicht darauf, ob wir denselben Sport treiben oder denselben Hobbys nachgehen. Die Beziehungen kommen auf geistlicher Basis zustande. Einzelpersonen, Gemeinden, Werke, Städte, Länder und Nationen kommen auf göttliche Weise miteinander in Verbindung.

Es wird eine tiefere Bedeutung in den Beziehungen zwischen uns liegen als nur ein „Nun gut, ich bin gläubig, du bist gläubig. Ich wünsche dir alles Gute!" Es wird eine Verbindung und ein Zusammenhalt entstehen, daß man miteinander durch dick und dünn geht.

Das wird zwar einigen Seelen schwerfallen, aber der Heilige Geist will diese Gemeinschaft und Verbindung zwischen den Christen. Die Gemeinschaft wird stärker sein, als sie je in einer Generation war, ausgenommen vielleicht die ersten Christen, die „alles gemeinsam" hatten (Apostelgeschichte 4,32).

Wenn Sie einige gottgegebene Beziehungen mit anderen Christen haben, und diese Beziehungen einschlafen, sollten Sie sich fragen, warum das so kam. Sie sollten es nicht zulassen, daß sie auseinanderbrechen.

Beispiele aus der Geschichte

Lassen Sie mich Ihnen ein Beispiel solch einer gottgegebenen Beziehung aus der Geschichte zeigen.

Wenn Sie schon einmal Bücher über die Erneuerungsbewegung des letzten Jahrhunderts gelesen haben, in der die Pfingstwahrheiten und der Dienst der Heilung wieder ins Blickfeld gelangten, ist Ihnen wahrscheinlich der Name John Alexander Dowie (1847-1907/Schottland) geläufig. Und vielleicht haben Sie auch schon den Namen Maria Buelah Woodworth-Etter (1844-1924) gelesen.

Dowie kann man als einen „Apostel der Heilung" bezeichnen, denn er tat einen außerordentlichen Heilungsdienst in Australien und in den Vereinigten Staaten. Aber niemand diente ihm mit Weisungen in bezug auf seine Gaben und seinen Dienst und sein persönliches geistliches Wachstum.

Wenn Sie im Dienst wachsen, muß auch immer wieder ein Reinigungsprozeß stattfinden. Wenn Sie die Reinigung und Beschneidung an sich nicht zulassen, wird Ihr Dienst verkümmern und schließlich zu einem Fehlschlag werden.

Frau Woodworth-Etter war eine Pfingstpionierin. Wie Deborah war sie gleichsam „eine Mutter in Israel" (Richter 5,7), die Gott gebrauchte, um große Siege zu erringen. Ich glaube, daß Gott es so plante, daß Dowie und sie zusammentreffen und zu einer guten, für beide Seiten förderlichen geistlichen Beziehung kommen sollten.

Nur wenige Leute außer ihr hätten so offen mit Dowie reden können. Es wäre für die meisten schwierig gewesen, bei seinem großen Bekanntheitsgrad, seiner Salbung und Kraft ihm trotzdem die Wahrheit zu sagen. Nur wenige hatten das nötige Verständnis für den Geistesbereich, in dem er wirkte, und konnten mit ihm darüber sprechen.

Aber Frau Woodworth-Etter hatte sich Gott ganz hingegeben und stand schon viele Jahre im Dienst. Sie verstand, gegen was sich Dowie wandte und was vor ihm lag. Sie hätte Dowie helfen können. Statt dessen schlich sich der Teufel in ihre Beziehung hinein und ließ sie auseinanderbrechen. Er stellte die Falle des Anstoßnehmens auf, und traurigerweise fiel Dowie hinein.

Dowie hatte gehört, daß Frau Woodworth-Etter für Kranke betete und Heilungen geschahen. Er wollte sie kennenlernen, als sie beide zur gleichen Zeit Versammlungen in Kalifornien abhielten. Eine Freundschaft schien zu entstehen.

Dowie ging zu Frau Woodworth-Etters Versammlungen und sah, daß Leute zu Boden fielen. Das verstand er anscheinend nicht, und er erhob deshalb von da an in seinen Versammlungen Einwände gegen sie. Frau Woodworth-Etter besuchte ihn dann noch einmal persönlich, aber danach kam kein Gespräch mehr zustande.

Ist das nicht traurig? Auch wir können, wenn wir nicht vorsichtig sind, in ähnliche Fallen tappen.

Nach einer Anzahl von Fehlschlägen, auch im organisatorischen Bereich, sagte Dowie bei seinem Sterben im Jahre 1907, er sei Elia, der Wiederhersteller aller Dinge. Wie konnte er so fehlgehen? Ich glaube, ein Grund bestand darin, daß die geistliche Beziehung, die Gott zum Nutzen beider beabsichtigte, nicht zustande kam. Dowie und Frau Woodworth-Etter hatten eine gute Basis für eine geistliche Beziehung, aber sie kam durch sein Anstoßnehmen nicht zum Tragen.

Der Zusammenhalt gottgegebener Beziehungen

In Kolosser 4,14 schrieb Paulus: *„Es grüßt euch unser geliebter Lukas, der Arzt, und Demas."* Aber in seinem Brief an Timotheus mußte er schreiben: *„Demas hat mich aus Liebe zur jetzigen Weltzeit (andere Übersetzung: weil ihm die Dinge dieser Welt wichtiger waren) verlassen"* (2.Timotheus 4,10).

Demas und Paulus standen in einer gottgeschenkten

Beziehung. Aber dann wurde diese Beziehung zerstört. Demas sollte von der Salbung des Paulus profitieren und den Apostel unterstützen. Aber Paulus schrieb, daß Demas sich von seinem Ruf abbringen und sich von den Dingen der Welt einnehmen ließ.

Ein anderer Ausdruck, mit dem man die Verbundenheit in einer göttlichen Beziehung beschreiben kann, ist „gleichen Geistes sein". In der Welt kommt es hingegen darauf an, „gleichen Fleisches" zu sein.

Es ist an und für sich nichts gegen natürliche Beziehungen einzuwenden, aber wenn wir dem Ende näher kommen, müssen wir es uns angelegen sein lassen, vor allem die Beziehungen, die Gott gibt, zu pflegen.

Die Endzeit verlangt Beziehungen zwischen Geist und Geist und nicht zwischen Seele und Seele, andernfalls kommt keine wahre Gemeinschaft der Heiligen zustande.

Schutzbefohlene und Sonderdienste

Manche Leute erklären, wie sehr sie den Schutz und die Fürbitte der Geschwister brauchen. Ich glaube schon, daß das nötig ist, aber nicht selten endet dieser Schutz in seelischer Beherrschung oder Manipulation. Gewiß ist aber durch eine göttliche Beziehung ein gewisser Schutz gegeben.

Viele ratsuchende Personen, denen es noch an geistlicher Reife mangelt, sind froh, wenn sie in Kontakt mit einem Pastor einen gewissen Schutz finden können. Manchmal muß es bei diesen Hilfesuchenden aber unbedingt ein Reichsgottesarbeiter sein, der einen großen Namen hat, dabei gibt es viele einfache, wenig bekannte Seelsorger, die sich tief im Herrn gründen und die ihnen noch mehr zum Segen sein könnten.

Es gibt auch viele Gemeinden mit Tiefgang, die in der

Kirchenwelt keinen großen Bekanntheitsgrad aufweisen. Sie bieten Schutz und Geborgenheit. In den letzten Tagen brauchen wir das.

Dämonen machen Überstunden, um Leute gegeneinander aufzubringen, die in der Reichsgottesarbeit zusammenarbeiten sollten. Es geht nicht nur darum, nach außen hin miteinander in Verbindung zu treten, sondern sich auch auf Gebieten gegenseitig Hilfe zu sein, die nicht so stark oder überhaupt nicht von der Öffentlichkeit wahrgenommen werden. Viele sind in Konfliktsituationen gekommen, was nicht geschehen wäre, wenn sie mit anderen in solch einer gottgewollten Beziehung gestanden hätten.

Göttliche Beziehungen werden natürlich herausgefordert und sind Angriffen ausgesetzt, aber halten Sie sich an das, was Gott Ihnen zeigt, und handeln Sie danach. Es wird in dieser letzten Zeit von unschätzbarem Wert sein.

Kapitel neun

Geistliches Fehlverhalten

Alsdann werden viele Anstoß nehmen und sich einander ausliefern (= verraten) und einander hassen (Matthäus 24,10).

Jesus sagt also, daß in den letzten Tagen viele Gläubige zum Ärgernis für andere werden und daß man sie verraten und hassen wird. Das ist keine gute Nachricht.

Es gibt in der letzten Zeit vermehrt die Möglichkeit, daß Christen auf Unverständnis stoßen. Wenn sie im Geist wandeln und einen mutigen Stand für Jesus einnehmen, wird das einigen nicht gefallen. Ja, sie werden gehaßt und verfolgt werden. Dabei kommt die Verfolgung sowohl von Ungläubigen als auch von Frommen. Sie stehen von beiden Seiten unter Beschuß. Aber wenn die Angriffe erfolgen, können die Gläubigen trotzdem Überwinder sein, wenn sie nicht murren und sich nicht beirren lassen.

Was ist damit gemeint, Anstoß zu nehmen? Gewiß hat jeder Leser dieses Buches schon in seinem Leben an etwas Anstoß genommen: Sie wurden in Ihren Gefühlen verletzt oder in irgendeiner Form schlecht behandelt. Sie empfanden es als ungerecht und haben daran Anstoß genommen, d. h. Sie haben sich darüber geärgert.

Wie werden wir Ärger und Groll wieder los? Es geht um das Verstehen eines einfaches biblischen Prinzips: Sie haben kein Recht, gekränkt zu sein!

> *Hierauf trat Petrus an Ihn heran und fragte Ihn: „Herr, wie oft muß ich meinem Bruder vergeben, wenn er sich gegen mich vergeht? Bis zu sieben-mal?" Da anwortete ihm Jesus: „Ich sage dir: Nicht bis zu siebenmal, sondern bis siebzigmal siebenmal" (Matthäus 18,21-22).*
>
> *Ihr habt gehört, daß geboten worden ist: „Du sollst deinen Nächsten lieben und deinen Feind hassen." Ich dagegen sage euch: Liebet eure Feinde und betet für eure Verfolger, damit ihr euch als Söhne (bzw. Kinder) eures himmlischen Vaters erweist. Denn Er läßt Seine Sonne über Böse und Gute aufgehen und läßt regnen auf Ge-rechte und Ungerechte (Matthäus 5,43-45).*

In diesen Versen gibt uns Jesus klare Anweisung dafür, was wir tun sollen, wenn wir gekränkt und verletzt wer-den: vergeben und lieben! Wir haben kein Recht, ande-ren Vorhaltungen zu machen und ihnen böse zu sein. Wenn wir schnell vergeben und lieben, kann keine bittere Wurzel in uns aufwachsen.

In den Tagen, die kommen, ist es überaus wichtig, daß wir nicht zulassen, daß wir durch irgendein Vergehen an uns außer Kurs geraten. Und wir haben in diesen Endta-gen mehr Möglichkeiten, uns verletzt zu fühlen, als in un-serem bisherigen Leben. Entschließen Sie sich gerade jetzt, hier nicht dem Teufel Raum zu geben und sich nicht aufbringen zu lassen.

In Liebe und Vergebung zu wandeln ist nicht immer leicht. Aber nach Gottes Wort ist es das einzige, was uns zusteht und was wir zu tun haben. Lassen Sie mich als Bei-spiel erzählen, wie ich einmal Anlaß hatte, gekränkt zu sein.

Schlechte Behandlung
und Ungehaltenheit darüber

Vor einigen Jahren hielt ich in einer Gemeinde eine Er-
weckungsversammlung ab. Als die Veranstaltung begann,
erklärte der Pastor mir und allen Anwesenden, daß die
ganze Kollekte an mich ginge. Ich war froh, das zu hören,
denn ich stand finanziell nicht gut da und brauchte das
Geld. Ich glaubte, 1000 Dollar würden eingehen und
dann für unser Monatsbudget zur Verfügung stehen.

Und die Kollekte ergab tatsächlich 1000 Dollar. Das
weiß ich, weil der Pastor es mir selbst sagte. Als wir uns
dann aber zur Abreise fertig machten, erklärte er mir, daß
er die Hälfte des Geldes behalte.

Das wäre ganz in Ordnung gewesen, wenn er mir das
am Anfang der Versammlung gesagt hätte. Wenn er den
Versammelten erklärt hätte, daß die eine Hälfte der Kollekte an mich und die andere an die Gemeinde am Ort
gehen würde, hätte ich nichts zu beanstanden gehabt.

Aber der Pastor hatte den Anschein erweckt, daß die
ganze Kollekte an mich und meinen Dienst ginge. Im
Grunde sagte er mir und den Versammelten die Unwahr-
heit. Das hat mich, offen gestanden, sehr verletzt.

Ich reiste mit unterschwelligem Groll ab und nahm
mir vor, nie wieder dorthin zu gehen. Verstehen Sie mich
bitte nicht falsch: ich halte die Versammlungen nicht ab,
um Kollekten einzunehmen. Aber in diesem Fall wurden
die Leute und ich belogen. Ich fühlte, daß ich mit Recht
gegen diesen Pastor grollen konnte.

Ich ging nach Hause und klagte darüber, was mir angetan worden war. Aber all das Wiederkäuen und Klagen
über das, was mir geschehen war, brachte mit sich, daß
der Vorgang in mir lebendig blieb und an mir fraß.

Schließlich kam meine Großmutter auf mich zu
und sagte mir gerade heraus: „Wieso bist du so verärgert?“

„Hast du es noch nicht gehört?" entgegnete ich.

Sie traf den Punkt, als sie antwortete: „Wer hat es denn noch nicht gehört?!"

Sie bat mich in ernstem Ton, mich zu setzen. Ich erkannte an ihrer Stimme und an ihrem Blick, daß sie mir jetzt etwas Ernstes sagen würde.

„Wer hat dir das Recht gegeben, dich so zu verhalten?" fragte sie.

„Der Pastor gab mir das Recht, weil er so schäbig an mir handelte", rechtfertigte ich mich.

Dann begann Oma mir zu predigen: „Das ist eine Lüge. Du mußt sofort aus dem Morast, in den du dich begeben hast, wieder heraus. Du bist in Sünde. Du hast dich ablenken lassen, und das ist genau das, was der Feind wollte."

Ich fragte mich nun wirklich, auf wessen Seite sie eigentlich stand, auf meiner oder auf der Seite jenes Pastors.

„Du bist meine Großmutter, du solltest doch auf meiner Seite stehen", rief ich sie zur Loyalität auf.

„Ich stehe auf niemandens Seite", erklärte sie, „ihr liegt nämlich beide falsch."

Wie würden Sie sich fühlen, wenn mitten in Ihrem Grollen und Klagen jemand Ihnen den Rest geben und Ihnen sagen würde, wie falsch Ihre Einstellung sei? Das schmeckt uns vielleicht zuerst nicht, aber wir brauchen mehr solcher Leute, die absolut ehrlich gegen uns sind.

„Ich hätte für den Rest meines Lebens verletzt sein können über die Art, wie ich behandelt wurde, als ich mit Deinem Großvater nach North Carolina zog, um dort der Gemeinde zu dienen", erzählte meine Großmutter.

„Hat dich jemals einer ‚Hexe' genannt? Hast du je erlebt, daß die Ältesten deiner Gemeinde gegen dich gestimmt haben? Sie haben mich behandelt, als hätte ich eine ansteckende Krankheit oder so etwas Ähnliches. Die Leute belegten mich mit allerlei weniger schönen Namen.

Wenn sie mich kommen sahen, gingen sie auf die andere Straßenseite. Oder sie verließen die Versammlung, wenn ich erschien. Ich hatte im Geist Dinge über sie erkannt, die sie nicht mochten. Sie fürchteten sich vor mir und haßten mich." (Sie betätigte Geistesgaben, aber damals war man solche Dienste nicht gewohnt.)

Sie fuhr fort: „Ich hätte auf alle böse sein können. Ich hätte mich gekränkt zurückziehen können, aber ich widerstand dem. Ich tat weiter meinen Dienst und liebte sie. Und das, Roberts, ist das, was du auch tun mußt."

Glauben Sie mir, ich habe gut daran getan, nach ihrem Rat gehandelt zu haben!

Für die von uns, die in dieser letzten Zeit leben werden, wird es viele Möglichkeiten geben, verärgert und gekränkt zu sein. Aber wenn wir Teil der herrlichen Gemeinde des Herrn sind, müssen wir im Geist bleiben und nicht zulassen, daß sich irgendein Vergehen in uns festsetzt und an uns nagt.

Die Vergehen nicht innerlich abzugeben hat Konsequenzen

Was geschieht, wenn wir den Groll beibehalten?

1. Wir werden von dem abgelenkt, was Gott für uns vorgesehen hat. Wenn wir ein Vergehen innerlich lebendig halten, wird unsere Vision verblassen, wir werden in unserer Entwicklung gehemmt und unserer Bestimmung nicht gerecht.

Wenn der Teufel es fertigbringt, uns aufzustacheln, kann er die endzeitliche Arbeit lähmen – in dem Teil, in dem wir tätig sind. Wenn Jesus sagt, daß viele Anstoß nehmen werden, sagt Er das nicht, um uns Angst einzujagen, sondern um uns auf die Gefahren, die damit verbunden sind, aufmerksam zu machen. Er warnt uns, damit wir wachsam sind und den Angriffen des Feindes auf die endzeitliche Gemeinde Widerstand leisten.

2. Unser geistlicher Horizont verengt sich. Wenn wir das Vergehen an uns ständig bewegen, dreht sich unser Leben zu sehr um die Person oder den kleinen Kreis von Leuten, die mit diesem Vergehen in Verbindung stehen. Dadurch verlieren wir den Herrn aus dem Blickfeld. Das Vergehen kommt zwischen uns und den Nächsten und zwischen uns und den Herrn. Es lähmt uns in unserem Einsatz und hält uns davon ab, vorwärtszugehen.

3. Wir verlieren unsere Freude, unsere Stärke, unseren Frieden und unser Feuer für den Herrn. Wir werden niedergeschlagen und depressiv. Das wiederum macht uns anfällig für Niederlagen. Die erste Zeit ist die beste Zeit, zu vergeben und zu vergessen. Wir müssen das Vergehen gleich innerlich abgeben und uns davon lösen. Nutzen Sie diese Zeit, bevor sich Ihre Lage durch das Beibehalten von Groll verschlechtert. Die Bibel weist uns an, keine Wurzel der Bitterkeit in unserem Herzen zu hegen, denn dies wird uns Probleme bringen (Hebräer 12,15).

Alle Bitterkeit, aller Zorn und Groll, alles Schreien und Schmähen sei aus eurer Mitte weggetan, überhaupt alles boshafte Wesen. Zeigt euch vielmehr gütig und herzlich gegeneinander und vergebt einer dem anderen, wie auch Gott euch in Christus vergeben hat (Epheser 4,31-32).

4. Wir werden zu Selbstmitleid verleitet. Wenn wir fortfahren, Groll zu hegen und uns sozusagen an die Klagemauer zu stellen, um darüber zu lamentieren, wie falsch wir behandelt wurden und welches Unrecht man uns angetan hat, müssen wir aufpassen, daß wir nicht in die

Grube des Selbstmitleids fallen und dort den Rest unseres Lebens mit anderen Wehleidigen verbringen und ständig jammern. Dadurch verpassen wir das, was Gott für uns bestimmt hat.

Viele gehen auf die Leiterschaft ihrer Gemeinde zu und wollen Hilfe empfangen. Wenn ihnen aber der Leiter die Wahrheit sagt, und diese schmerzt, sind sie eingeschnappt. Sie verlassen beleidigt den Raum und beklagen sich bitter. Sie meinen, der einzige Weg zum Glück bestünde darin, daß der Leiter mit ihnen hinab in die Sorgengrube steigt, sie in ihrer Meinung bestätigt und ihnen auf die Schulter klopft. Ein guter Leiter lehnt das aber ab, denn es nutzt niemandem. Ein guter Seelsorger erklärt, wie es um die Person wirklich steht.

Geistinspirierte seelsorgerliche Zurechtweisungen können zwar im Augenblick weh tun, aber wer auf sie eingeht, dem öffnen sich die Tore zu neuen Segnungen Gottes.

5. Wir werden zu Haß und Verrat verführt.

Alsdann werden viele Anstoß nehmen und sich einander ausliefern und einander hassen (Matthäus 24,10).

Wenn Christen untereinander Verrat üben, werden göttliche Beziehungen unterbrochen. In diesen letzten Tagen gibt es viele Möglichkeiten, sich voneinander zu distanzieren oder abzuwenden. Wir sollten uns viel stärker und mutiger auf die Dinge Gottes konzentrieren und nicht auf die Fehler der anderen.

Was ist das Gegenteil von Verrat und Haß? Natürlich Liebe! Laßt uns das „und viele werden einander verraten und hassen" bei uns in „viele werden einander lieben" ändern. Wenn Jesus sagte, daß viele den Weg des Hasses gehen werden, so sollten Sie nicht darunter sein.

Der erneuerte Sinn

Jesus sagte: *„Gebt acht, laßt euch dadurch nicht erschrecken"* (Matthäus 24,6). Schrecken und Angst, Unruhe und Sorge treffen uns innerlich und beeinflussen unsere Gefühle. Lassen Sie nicht zu, daß ein begangenes Unrecht sich bei Ihnen festsetzen kann und Ihre Gedankenwelt und ihre Gefühle prägt. Das wird Sie nach unten ziehen, und Ihr Geist wird darunter leiden.

Durch eine unkontrollierte Gedankenwelt werden Niederlagen vorprogrammiert. Das muß nicht sein, deshalb sollten Sie über Ihre Gedanken wachen. Bringen Sie sie in Übereinstimmung mit dem Geist.

Eine im Zaume gehaltene, erneuerte Gedankenwelt, die unter der Autorität des Wortes und des Heiligen Geists gehalten wird, führt Sie zum Sieg. Wir sollten uns nicht von unserer Seele oder von unseren Gefühlen bestimmen lassen.

Römer 12,2 sagt uns:

Gestaltet eure Lebensführung nicht nach der Weise dieser Weltzeit, sondern wandelt euch um durch die Erneuerung eures Sinnes, damit ihr ein sicheres Urteil darüber gewinnt, welches der Wille Gottes ist, nämlich das Gute und Wohlgefällige und Vollkommene.

Wie können wir unseren Sinn nach dem Wort Gottes laufend erneuern? Es ist ähnlich wie bei einem Computer: Was man eingibt, wird ausgegeben. Je mehr Sie das Wort Gottes in Ihren Computer (Ihren Sinn) speichern, desto mehr wird er das Wort ausgeben. Je mehr Sie das Wort lesen, studieren und darüber nachsinnen, desto mehr wird Ihr Geist erneuert. Dann fällt es Ihnen leicht, sich auf der Linie des Wortes und des Geistes zu bewegen.

Ein Zeichen geistlicher Reife

Ein Zeichen wahrer geistlicher Reife ist es, daß Sie ein Vergehen gegen Sie innerlich gleich loslassen können. Bis zu dem Tag, an dem wir in den Himmel gehen werden, stehen wir immer wieder Situationen gegenüber, wo wir ungerecht behandelt werden und wo wir uns verletzt fühlen können. Nun hängt es von Ihnen ab, wie Sie damit umgehen. Wenn es sechs Jahre braucht, bis Sie über ein an Ihnen begangenes Unrecht hinwegkommen, sind Sie sicher noch ein Baby-Christ, und es fehlt Ihnen an geistlicher Reife.

Ich habe mit Leuten gesprochen, die mir erzählten, wie schrecklich sie behandelt wurden. Es klang, als wäre es gestern gewesen.

„Wann ist das geschehen?" fragte ich einen.

„Ja, lassen Sie mich einmal überlegen. Ja, es war vor zwölf Jahren", entgegnete er. „Aber ganz genau kann ich es nicht mehr sagen."

Manche Christen sind Meister darin, nachtragend zu sein und die an ihnen begangenen Vergehen ständig im Sinn zu behalten. Sie speichern die Benachteiligungen und Angriffe gegen sie und bewegen sie immer wieder, als wollten sie sie auswendig lernen.

Was wäre geschehen, wenn sich Jesus während Seines Erdenlebens so verhalten hätte? Er hätte gewiß viel Grund gehabt, gekränkt zu sein und sich verletzt zu fühlen.

Er hätte sagen können: „Vater, ich kann diese Leute nicht länger ertragen. Ich bin Dein Sohn, und sie behaupten, ich hätte einen Dämon. Das ist unverzeihlich. Schaffe mir Recht und laß Unglück über sie kommen!"

Jesus hätte auf Seine eigenen Brüder böse sein können, die dachten, Er sei von Sinnen, als Er Seinen Dienst aufnahm. Er hätte Petrus gram sein können, der ihn in der Nacht verriet, als Er vor Herodes und Pilatus geführt wurde (Lukas 22,60-61).

In diesen und vielen anderen Fällen widerstand Jesus der Versuchung, in Groll oder gar Haß zu verfallen. Er war immer dabei, zu vergeben und in Liebe zu wandeln – sogar in Seiner Todesstunde.

Jesus aber sprach: „Vater, vergib ihnen, denn sie wissen nicht, was sie tun!" (Lukas 23,34).

Ja, Jesus war der Sohn Gottes, aber Er hatte die himmlische Herrlichkeit verlassen und Seine Macht abgelegt, als Er auf die Erde kam (Philipper 2,7-8). Er stand daher den Versuchungen wie jeder andere Mensch gegenüber. Er mußte sich willentlich entscheiden, sich wie Gott oder wie ein gefallener Mensch zu verhalten.

Wir haben ja nicht einen Hohenpriester, der nicht Mitgefühl mit unseren Schwachheiten haben könnte, sondern einen solchen, der in allen Stücken auf gleiche Weise wie wir versucht worden ist, nur ohne Sünde (= ohne zu sündigen) (Hebräer 4,15).

Liebe zu Seinem Gesetz

Wir werden nicht leicht verletzt sein, wenn wir das Gesetz des Herrn lieben. Das Gesetz ist Sein Wort, Seine Prinzipien.

Wenn ihr Mich liebt, so werdet ihr Meine Gebote halten. Wer Meine Gebote hat und sie hält, der ist es, der Mich liebt. Wer aber Mich liebt, wird von Meinem Vater geliebt werden, und auch Ich werde ihn lieben und Mich ihm offenbaren (Johannes 14,15.21).

Bleibt niemand etwas schuldig, auß
einander liebt. Denn wer den anderen i
damit das Gesetz erfüllt (Römer 13,8).

Es wird immer wieder Ungerechtigkeiten gegen uns geben, wenn wir als Christen in diesen Zeiten leben. Aber wenn wir in Liebe wandeln, vergeben wir diese Vorkommnisse sofort, nachdem sie geschahen, und machen weiter.

Feste Liebe

Jesus war voll Liebe, aber Er ging hart gegen die bösen Geister vor. Er trieb Dämonen aus, aber er herzte und umarmte Kinder. So sollen wir auch sein. Liebe hat große Kraft. Der Teufel möchte Sie glauben machen, als Streiter und Kämpfer Christi könne man gar nicht in Liebe wandeln.

Dies gelingt ihm auf dem Weg über das Mißverständis, das oft über Gottes Liebe herrscht. Man meint, Liebe sei etwas Weichliches, das fünf gerade sein läßt und einfach Dinge übergeht. Die Leute verwechseln grenzenlose Liebe mit grenzenloser Freiheit. Gott ist aber nicht der, der alles duldet.

Gott erklärt, daß man daran Seine Kinder erkennen kann, daß Er sie diszipliniert und züchtigt (Hebräer 12,6-7). Echte Liebe hat Festigkeit. Wahre Liebe tut, was am besten für uns ist und gibt nicht unbedingt das, was wir meinen haben zu müssen. Aber wenn jemand von Gott dazu gebraucht wird, uns zu korrigieren, meinen wir, er behandle uns nicht in Liebe.

Verletzte Leute sind ein großes Problem. Es gibt sozusagen „Dauerverletzte". Der Teufel wird schauen, daß sie Gelegenheiten bekommen, weiter verletzt zu sein oder sich erneut verletzt zu fühlen, wenn sie die an ihnen begangenen Dinge weiter nähren.

Manche sagen: „Ja, in dieser Gemeinde hat man mich verletzt und auch in jener." Geben Sie ihnen sechs Wochen bei der neuen Gemeinde, und sie werden wieder verletzt sein.

Hätscheln wird nicht dazu führen, die Verletzung loszuwerden. Jesus kam, Verletzungen und Wunden zu heilen, aber wir müssen Ihn heilen lassen. Sonst können wir nicht geheilt werden.

Christen lieben die Briefe des Paulus, aber wenn er in ihrer Gemeinde auftauchen würde, bin ich sicher, sie würden bald verstimmt sein und darüber klagen, wie hart seine Rede ist.

Den „netten, artigen" Apostel Paulus gab es nie. Er war ein hingegebener, ausdauernder Reichsgottesarbeiter, der Gott liebte. Und er liebte auch die Gläubigen so sehr, daß er sie belehrte, korrigierte und, wenn es nötig war, auch unter Zucht stellte.

Von der Welt her mußte er sich damit abfinden, daß viele ihn haßten. Er hätte immer wieder Gelegenheit gehabt, verletzt und bitter zu sein über die Art, wie man ihn behandelte. Denken Sie nur an das eine Mal, als man ihn steinigte und liegen ließ, weil man dachte, er sei tot (2. Korinther 11,23-26; Apostelgeschichte 14,19).

Jesus sagt:

Selig ist, wer an Mir keinen Anstoß nimmt (Matthäus 11,6).

Ungläubige und manchmal auch Christen mögen an Ihnen Anstoß nehmen, daß Jesus in Ihnen ist oder durch Sie wirkt. Manchmal ist dies Anstoßnehmen ein Ausdruck von Neid. Seien Sie vorsichtig, daß auch Sie nicht neidisch darüber werden, wie Gott jemand anders gebraucht. Wir müssen uns freuen können und es schätzen, daß Gott durch andere wirkt.

In Matthäus 13 erzählt Jesus das Gleichnis vom Sämann. Dabei spricht er über die Weise, wie das Wort gesät wird, und erklärt, daß es durch den Teufel weggenommen werden oder verloren gehen kann. Eine Weise der Saatzerstörung geschieht dadurch, daß man an Versuchungen und Trübsalen Anstoß nimmt.

Wo aber auf die felsigen Stellen gesät worden ist, das bedeutet einen solchen, der das Wort hört und es für den Augenblick mit Freuden annimmt. Er hat aber keine feste Wurzel in sich, sondern ist ein Kind des Augenblicks: wenn dann Bedrängnis oder Verfolgung um des Wortes willen eintritt, nimmt er Anstoß (Matthäus 13,20-21).

Das Wort Gottes fällt in manchen Herzen auf steinigen Boden, wo es wenig Wurzeln entwickeln kann. Wenn schwierige Zeiten um des Glaubens willen kommen, nehmen diese Menschen Anstoß und geben auf.

Ein hart gewordenes Herz ist auf sich selbst gerichtet, und wenn die eigenen Wünsche nicht erfüllt werden, empört man sich und ist ungehalten. Wenn Versuchungen und Trübsal kommen, ruft man: „Das ist unfair. Das habe ich nicht verdient! Ich mache nicht mehr mit!"

Wir müssen uns mit den Realitäten des Lebens abfinden. Das Leben hier auf Erden ist nicht immer fair. Das war es nie und wird es nie sein. Aber wir können trotzdem siegreich leben, wenn wir entschlossen sind, in Liebe und Vergebung zu wandeln und nicht nachtragend zu sein. Was können wir machen, daß sich unser Herzensboden nicht verhärtet?

Wie können wir verhindern, daß sich uns Dinge anhängen? Paulus gibt uns die Antwort in 1. Korinther 13,4-5, indem er über die Liebe spricht:

– Liebe ist langmütig.
– Liebe ist gütig.

- Liebe ist frei von Eifersucht.
- Liebe prahlt nicht.
- Liebe bläht sich nicht auf.
- Liebe ist nicht rücksichtslos.
- Liebe sucht nicht den eigenen Vorteil.
- Liebe läßt sich nicht erbittern.

Ein Herz, das voll Liebe zu Jesus und den Mitmenschen ist, wird nicht leicht Anstoß nehmen.

Die Liebe rechnet das Böse nicht an, trägt es nicht nach.

Die Liebe drängt uns einerseits dazu, nicht an anderen Anstoß zu nehmen, andererseits aber auch dazu, daß wir selbst nicht bei anderen Anstoß erregen. Das erfordert überlegtes, umsichtiges Handeln.

Doch selbst wenn wir uns gut verhalten, gibt es Leute, die an allem, was wir sagen oder tun, etwas auszusetzen haben. Es gibt keine Möglichkeit, das zu vermeiden. Trotzdem sollten wir versuchen so zu handeln, daß niemand, soweit möglich, an uns Anstoß nimmt. Seien Sie entschlossen, immer in Liebe zu wandeln.

Bevor er von neuem geboren wurde, sah Paulus nichts Unrechtes darin, Christen zu verfolgen, und kannte kein Erbarmen. Er wachte über die Kleider derer, die Stephanus steinigten (siehe Apostelgeschichte 7).

Aber nachdem er gläubig geworden war, konnte er den Korinthern schreiben:

Wo ist jemand schwach, und ich wäre nicht auch schwach (und ich nähme nicht Anteil an seinem Zustand). Wo wird jemandem Anstoß bereitet, ohne daß ich brennenden Schmerz empfände? (2. Korinther 11,29).

Er war sogar bereit, seine Eßgewohnheiten zu ändern, um keinem Anstoß zu geben.

*Darum, wenn Speise meinem Bruder zum Anstoß
wird, so will ich in Ewigkeit kein Fleisch ge-
nießen, um meinem Bruder kein Ärgernis zu bereiten (1.Korinther 8,13).*

Ich frage mich, wie viele von uns bereit sind, so weit zu
gehen. Paulus begrenzte seine Freiheit um der anderen
willen. Er tat es aus Liebe.

Jesus sprach darüber, was für eine ernste Sache es ist,
anderen Christen zum Anstoß zu werden, selbst wenn es
sich um wenig angesehene Leute handelt:

*Wer aber einen von diesen Kleinen, die an Mich
glauben, ärgert (wörtlich: zum Anstoß wird, d. h.
ihn zum Unglauben oder zur Sünde verleitet), für
den wäre es das Beste, daß ihm ein Mühlstein um
den Hals gehängt und er ins Meer versenkt
würde, wo es am tiefsten ist (Matthäus 18,6).*

Zusammenfassung

Es wird in der Endzeit wichtig sein, daß wir in Liebe
wandeln und daß wir leicht vergeben, denn die Beziehungen, in die Gott uns gestellt hat, können behindert
oder zerbrochen werden, wenn eine Person Anstoß
nimmt.

Seien Sie nicht einer von denen, die nachtragend sind.
Entschließen Sie sich, jedes Vergehen gegen Sie gleich
innerlich loszulassen und weiter in Liebe und Vergebung
zu wandeln. Dann werden Herz, Sinn und Geist ganz zum
Dienst für den Herrn frei sein.

Kapitel zehn

Gehorsam unter allen Umständen

Jesus sagte voraus, daß die Menschheit in der Endzeit ähnlich wie zur Zeit Noahs sein wird (Matthäus 24,38). Im Alten Testament lesen wir:

> *Als nun der Herr sah, daß die Bosheit der Menschen groß war auf der Erde und alles Sinnen und Trachten ihres Herzens immerfort nur böse war ... Die Erde wurde aber immer verderbter vor Gott und war voll von Gewalttaten. Als nun Gott die Erde ansah und die völlige Verderbtheit wahrnahm, denn alles Fleisch hatte sich in seinem ganzen Tun auf Erden zum Bösen gewandt ... (1. Mose 6,5.11-12).*

Alles Sinnen und Trachten der Menschen war böse und die Erde voll von Gewalttaten und Frevel. Deutet sich das nicht heute schon wieder an? Ist es nicht fast schon wieder so geworden? Diese Situationseinschätzung gibt uns aber keine Entschuldigung dafür, uns einfach hinzusetzen und nur noch auf die Entrückung zu warten. Wir müssen tun, was Noah tat.

Noah war ein unsträflicher Mann unter seinen Zeitgenossen. Er wandelte mit Gott (1. Mose 6,9). Wenn Gott ihm etwas auftrug, gehorchte er (1. Mose 6,22).

Gemeinden mit freudigem Gehorsam sind in diesen Tagen sehr nötig. Gott kann uns ganz gebrauchen, wenn wir uns Ihm ganz hingeben. Und das bedeutet ganzen Gehorsam. Wenn wir im Gehorsam wandeln, werden wir Seine Werke tun und Seine Pläne ausführen. Und Er möchte große Werke durch uns tun.

Während Noah auf die Flut wartete, baute er die Arche. Er war rege an der Arbeit bis an den Tag, an dem Gott ihm und seiner Familie befahl, in die Arche zu gehen.

Heute beginnt Gott uns Dinge zu erklären, die für die Endzeit von Bedeutung sind. Wir bauen Dinge für Gott, um der Ewigkeit willen – egal, was die anderen darüber denken und über uns sagen.

Niemand half Noah außer den Mitgliedern der eigenen Familie. Die Nachbarn und die anderen Menschen, die hörten oder sahen, was er tat, kamen vielleicht, um zuzuschauen, was er machte, und über ihn zu spotten, aber nicht um zu helfen.

Stellen Sie sich die Situation vor: Die Leute standen herum und lachten: „He, Noah, was wird denn das, wenn es fertig ist? Scheint ja ein Riesenprojekt zu sein!"

„Es wird ein großes Schiff", antwortete Noah. „Gott hat mir gesagt, daß es viel regnen wird und daß eine große Flut kommt." Dann ging er weiter seiner Arbeit nach und vertraute dem Wort Gottes. Spott und Gelächter konnten ihn nicht davon abhalten weiterzubauen.

„Also gut, Noah, es regnet. Aber so eine große Flut gibt es doch nicht, hat es auch noch nie gegeben. Du bist verrückt, Mann!" riefen sie ihm zu.

„Gott sagte mir, daß das Wasser so hoch steigt, daß die Erde überall überflutet wird", erklärte Noah.

„Noah, wirklich, das ist doch ausgeschlossen. Sachverständige werden dir sagen, daß so etwas unmöglich ist. Du rennst einer verrückten Idee nach. Du solltest dich vielleicht einmal auf deinen Geisteszustand untersuchen lassen. Wirklich!" Sie werden über ihn den Kopf geschüttelt haben.

Noah fuhr fort zu arbeiten, wie Gott es ihm gesagt hatte. Er hatte es nicht leicht, aber er blieb Gott ganz gehorsam und tat, was ihm gezeigt worden war.

Wenn es um geistliche Dinge geht, geschieht der Gemeinde das gleiche. Die Welt wird über uns spotten und uns nicht für voll nehmen.

Mit dem Bau der Arche fortfahren

In Zeiten eines Umbruchs und großer Veränderungen tut Gott besondere Dinge. Noahs Zeit ist das Beispiel für die Zeit, die auf uns zukommt. Die Leute hielten Noah für verrückt, aber er schwang weiter den Hammer. Während sie lachten, baute er weiter. Beinahe jede Person in der Bibel und in der Kirchengeschichte, die Gott gehorchte und „gegen den Strom schwamm" und sich damit von der breiten Masse absetzte, wurde verachtet, verhöhnt und verfolgt – und manchmal sogar getötet.

So sollten Sie nicht bestürzt sein, wenn Sie um des Evangeliums willen verlacht und verspottet werden. Um in diesen Endzeiten vom Herrn gebraucht werden zu können, müssen Sie gehorsam sein und weiter an der Arche bauen. Wenn die Wassermassen kommen, wird die Arche schwimmen, und Sie werden nicht ertrinken!

Wir müssen unser Leben im Geist so einrichten, wie Gott es uns für diese Tage aufgetragen hat. Wir sollten aus Noahs Leben unsere Lektionen lernen:

– Er gehorchte Gott gleich, ohne lange zu fragen und Untersuchungen anzustellen. Und das, obwohl man von dem, was Gott sagte, noch nie zuvor in der Geschichte der Menschheit gehört hatte. Daß so viel Wasser zusammenkommen würde, daß es die ganze Erde überflutete, war eine unvorstellbare Idee. Und ein großes Schiff zu zimmern, das seiner Familie und je zweien von jeder Tierart Platz bieten konnte, schien Überspanntheit zu sein.

– Noah wandelte im Glauben, nicht im Schauen (2. Korinther 5,7). Wenn er sich nach den Erfahrungen der Vergangenheit und dem Wissensstand der Gelehrten gerichtet hätte, wäre die Arche nie gebaut worden.

– Noah lebte in den Beziehungen, in die Gott ihn im Rahmen seiner natürlichen Familie hineingestellt hatte. Aktivitäten im Rahmen von Freundschaften außerhalb der Familie mußten zurücktreten.

– Noah mußte kräftig arbeiten, um die Arche zu bauen und die Versorgungsmittel zu beschaffen, die Gott ihm aufgetragen hatte. Er hatte seine Gedanken allein auf die Aufgabe gerichtet, die Gott ihm gegeben hatte.

– Noah baute die Arche genau so, wie Gott es gesagt hatte.

– Noah zeigte Ausdauer und blieb eisern an seiner Arbeit. Beharrlich zimmerte er weiter, trotz der entmutigenden Äußerungen und der Versuche, ihn vom Bauen abzubringen. Die Arche mußte fertig werden, die ihm, seiner Familie und den Tieren Schutz bot.

Wenn Noah in den gottlosen Zeiten, in denen er lebte, mit Gott wandeln konnte, können wir es in unserer Zeit auch. Ungeachtet dessen, wie verdorben die Menschheit wird und wie finster es sein wird, wir müssen uns wie Noah verhalten. Wir müssen mit Gott wandeln und untadelig unter unseren Zeitgenossen sein wie Noah zu seiner Zeit (1. Mose 6,9).

Gott sah, daß sich die Greuel auf Erden häuften und das Ende allen Fleisches gekommen war. Für Noah, den Gerechten, und seine Familie aber hatte er einen Ausweg geschaffen (1. Mose 6,13-14).

152

Leben im Geist

Was stellt heute die Arche dar? Wie finden wir heute Schutz? Wie können wir unsere Bestimmung erfüllen in einer bösen Zeit wie der unsrigen? Die heutige Arche ist das Leben im Geist! Indem wir im Geist wandeln, in der Salbung des Geistes leben, können wir gerecht und untadelig unter unseren Zeitgenossen leben, was auch um uns herum geschehen mag.

Leben im Geist ist kein unverbindlicher Vorschlag, sondern eine dringende Aufforderung Gottes. Dazu sind wir aufgerufen, wie Noah und seine Familie aufgerufen wurden, die Arche zu bauen. Als die Wasser kamen und die Arche erfaßten, schwamm sie auf der Flut. Wenn die bösen Wellen unserer Tage auf uns zukommen, werden sie uns nichts anhaben können, wenn wir im Geist leben, d. h. wenn wir unsere Arche im geistlichen Bereich gebaut haben.

Denken Sie auch daran, daß Noah die Arche genau so baute, wie Gott es ihm beschrieben hatte. Was wäre geschehen, wenn Noah die Pläne eigenmächtig geändert hätte? Wenn er ein Luxusschiff statt einer Arche gebaut hätte? Wahrscheinlich wäre es gesunken. Nur die Arche, die so, wie sie angewiesen war, gebaut wurde, konnte alles unbeschadet überstehen.

Einige Leute wollen die Arche im Schnellverfahren bauen. Sie basteln in kürzester Zeit etwas zusammen und „vertrauen" dann dem Herrn, daß das Boot standhält. Aber Gott wirkt nicht auf diese Weise. Dadurch, daß sie sich so verhielten, sind in der Vergangenheit schon viele Prediger, Gemeinden und Werke von der Flut ihrer Zeit bedeckt worden.

Manche bauten ein großes Floß oder eine beeindruckende Yacht anstatt einer starken, stabilen Arche, die allein dem Sturm widerstehen konnte. Die Arche muß solide gebaut werden, damit sie standhält, wenn Wolken, Wind und Regen kommen. Sie muß den Mächten der Finsternis trotzen.

Hunger nach Gott

Die erste Voraussetzung zu einem Leben im Geist besteht darin, einen geistlichen Hunger zu haben. Wenn kein Hunger nach Gott vorhanden ist, gibt es kein Suchen nach Geistesfülle.

Wenn ich mich im Schlafzimmer aufhalte und etwas essen möchte, aber weiter im Bett liegen bleibe und darauf warte, daß mir das Essen von der Küche zugeflogen kommt, kann ich lange warten. Auch wenn ich beteuere „Ich warte, daß das Essen kommt. Ich glaube, daß ich es auf diese Weise erhalten werde", es wird nicht kommen.

Im natürlichen Bereich leuchtet uns ein, daß die Stillung des Hungers auf diesem Weg nicht gelingt. Aber sehen wir das auch so für den geistlichen Bereich? Der natürliche Hunger wird uns dazu bringen, uns in die Küche zu begeben. Wenn wir Hunger nach den göttlichen Dingen haben, müssen wir auch aufstehen und zu Gott gehen.

Den Christen ist meist nicht richtig klar, daß geistliche Nahrung im Grunde viel wichtiger ist als die natürliche. Ohne die natürlichen Lebensmittel wird der Mensch an Unterernährung leiden, krankheitsanfällig werden und schließlich sterben. Ohne geistliche Nahrung wird unser eigentliches Ich, unser Geist, auch an Unterernährung leiden, anfällig für geistliche Angriffe und Krankheiten werden, und schließlich wird unser geistliches Leben ersterben.

Wenn Sie eine gesegnete Versammlung besuchen und das Wort aufnehmen, wird Ihr Appetit nach geistlicher Nahrung gestillt. Ja, Sie werden unter Umständen „eßsüchtig" nach himmlischen Dingen. Das ist eine gute Sucht, die nicht zum Tode führt und die es Ihnen ermöglicht, über der Gottlosigkeit unserer Tage zu leben.

Leben im Geist besteht aber nicht nur im Besuch gesegneter Versammlungen. Leben im Geist wirkt sich aus, wo Sie gerade sind: zu Hause, bei der Arbeit usw. Sie müssen sich immer in der Arche befinden.

Wenn Sie allein oder mit Ihrer Familie in den Alltagssituationen stehen, kann man merken, ob Sie wirklich geistlich hungrig sind oder nicht. Es ist leicht, in wunderbaren Versammlungen hungrig zu sein, oder wenn man sich bei geistlich starken und reifen Leuten aufhält, aber sind Sie in Ihrem privaten Leben auch immer noch hungrig nach Gott?

Wenn Sie sehen wollen, ob Sie geistlichen Hunger haben, müssen Sie sich einmal selbst fragen, warum Sie die Bibel lesen. Lesen Sie sie nur, um zu lehren oder zu predigen? Lesen Sie sie, weil man es Ihnen nahegelegt hat? Oder lesen Sie sie, weil Sie viel lieber mehr über Gott und Seine Wege erfahren möchten, als Fernsehshows anzuschauen, die neuesten Hits im Radio zu hören, die gängigen Romane zu lesen oder anderen zeitvertreibenden Unternehmungen oder Hobbys nachzugehen?

Durst nach Gott

David wandelte im Geist. In Psalm 63 lesen wir die folgenden Worte:

O Gott, Du bist mein Gott. Dich suche ich, es dürstet nach Dir meine Seele. Es lechzt nach Dir mein Leib wie dürres, schmachtendes, wasserloses Land. So habe ich nach Dir im Heiligtum ausgeschaut, um Deine Macht und Herrlichkeit zu erblicken. Meine Seele klammert sich an Dich, aufrecht hält mich Deine rechte Hand (Psalm 63,1-3.9).

David saß nicht einfach in seinem Königsgemach und wartete, bis Gott in sein Zimmer kam. Nein, er macht sich auf, Gott zu suchen. Wenn Sie ein Leben im Geist führen wollen, müssen Sie Gott suchen, nach Ihm dürsten und verlangen.

Sie mögen sagen, das ist mir doch ein bißchen zu extrem. Ich liebe Gott, bin ein gutes Kirchenglied, zahle meine Kirchensteuer, singe im Chor. Aber damit hat sich's. Ich bin nich bereit, noch mehr zu tun.

Das ist kein Archebau. Das ist Kompromiß. Manche Leute meinen, ihr laues Christenleben sei Wandel im Geist. Dashalb erkennen sie auch den Heiligen Geist nicht, wenn Er wirkt.

In diesen Tagen müssen wir uns mehr und mehr auf die Dinge konzentrieren, die Jesus für uns erworben hat. Wir müssen uns mehr auf die geistlichen als auf die natürlichen Dinge verlassen. Leute, die sich auf fleischliche Dinge stützen, werden einen geistlichen Sterbeprozeß durchmachen.

Der Tag, an dem Sie aufhören, Gott zu suchen, ist der Tag, an dem Sie anfangen, das Leben im Geist zu verlieren. Deshalb ist es wichtig, immer den geistlichen Hunger und Durst beizubehalten. Jesus sprach in der Bergpredigt über dieses Prinzip:

Selig sind, die nach der Gerechtigkeit hungern und dürsten, denn sie werden gesättigt werden (Matthäus 5,6).

Wenn Sie nach der Gerechtigkeit hungern und dürsten, wird Gott diesen Hunger und Durst stillen. Gerechtigkeit ist ein notwendiger Teil des Lebens im Geist. Jesus sagt, daß Gott unseren Hunger nach dem Geist gern stillen will.

Wo wäre aber unter euch ein Vater, der seinem Sohn, wenn er ihn um Brot bittet, einen Stein reichte? Oder wenn er ihn um einen Fisch bittet,

*wird er ihm statt dessen wohl eine Schlange rei-
chen? Oder auch einen Skorpion statt eines Eies?
Wenn nun ihr, die ihr doch böse seid, euren Kin-
dern gute Gaben zu geben versteht: wie viel mehr
wird der Vater vom Himmel her Heiligen Geist denen geben, die Ihn darum bitten (Lukas 11,11-13).*

Der Geist ist Leben

Leben im Geist ist nicht Schauspielerei, nicht etwas, das
man überzieht und dann wieder ablegt. Im Römer- und
im Galaterbrief spricht Paulus über das Leben im Geist.
Er spricht nicht von Langeweile im Geist oder Knechtschaft im Geist, sondern vom Leben im Geist. Menschen
merken, daß es Dinge gibt, die sie nicht länger tun können. Nicht daß Gott sie Ihnen weggenommen hätte, sondern weil Er ihren Sinn erneuerte und sie nun im Geist
leben.

Die einzige Zeit, in der manche Leute geistlich intensiver werden, ist dann gegeben, wenn sie in Schwierigkeiten stecken. Wenn sich die Probleme in ihrem Leben dramatisch zuspitzen, machen sie vielleicht zwei
Tage arbeitsfrei und schließen sich ein, um zu beten. Das
hatten sie monate- oder jahrelang nicht getan. Dann beten sie inständig, weil sie Antwort brauchen. Aber damit
ist es nicht getan.

Gott hat für uns geplant, allezeit in der Arche zu sein.
Er möchte, daß wir immer in einer innigen Verbindung
mit unserem Heiland stehen. Wenn Probleme kommen,
gehen wir mit ihnen zu Ihm.

Wie frohmachend ist es, wenn wir die Gewißheit bekommen, daß unser Gebet erhört wird. Wenn Leute uns
anschauen und sagen „Ich hoffe, daß alles gut für Sie ausgehen wird", können wir voll Zuversicht sagen: „Ja, alles wird gut werden, und der Herr wird es wunderbar hin-

ausführen!" Wir hatten es durchbetet und bekamen die Gewißheit, daß der Herr alles zum Guten lenken würde.

Leben im Geist ist keine Utopie. Leben im Geist ist auch keine Nebensächlichkeit. Leben im Geist ist dringende Notwendigkeit und gibt uns die Kraft und die Autorität, der verdorbenen Welt unserer Tage zu verkünden, was Gott sagt – so wie es Noah tat.

Noah ermahnte seine Zeitgenossen immer wieder: „Das Ende ist nahe. Die Flut kommt, und sie wird alles zerstören, was nicht in der Arche ist. Vertraut Gott, geht in die Arche, denn dann seid ihr in Sicherheit." Jahrelang verkündigte er das, während er weiterbaute (2. Petrus 2,5).

Die Welt braucht dringend unsere Botschaft. Ich glaube, wenn Sie nicht im Geist leben, werden Sie in diesen Tagen kein glückliches Leben führen. Ich sage dies nicht, um Ihnen Angst zu machen, sondern um Ihnen die Notwendigkeiten der Zeit vor Augen zu führen. Ohne die Arche des Geistes kann es nicht gutgehen.

Mein Geist soll nicht immerdar um den Menschen ringen

> *Da sprach der Herr: Mein Geist soll nicht immerdar im Menschen walten (andere Übersetzung: um ihn ringen, sich um ihn mühen) (1. Mose 6,3).*

Dieser Vers bezieht sich natürlich auf Gottes Handeln mit der Menschheit in den Tagen Noahs. Jedoch gilt dasselbe auch für unsere Tage.

Es kommt eine Zeit, da Gott aufhört, sich weiter um die Herzen von einzelnen Personen, Gruppen oder Völkern zu mühen. Diese Zeit kommt, wenn sie die Wahrheit gehört und immer wieder gehört haben. Und wenn

158

sie sich dagegen sperrten, Veränderung an sich [...]
hen zu lassen, und sich weigerten, nach der Wahr[...]
sie hörten, zu handeln.

Pfarrer und andere, die in christlicher Leitersch[...] [...]
hen, müssen sich aufmachen, wenn Gott sie auffordert, in
die Arche zu gehen, selbst wenn es Gemeindeglieder gibt,
die nicht mitgehen.

Sie gehorchen besser Gott und verhalten sich wie
Noah! Der Apostel Petrus bezeichnet Noah als „Prediger
der Gerechtigkeit" (2. Petrus 2,5). Was bedeutet das? Er
predigte den Menschen seiner Zeit, den rechten Weg zu
gehen.

Wenn er an der Arche Nägel einschlug und sie sagten „Du bist nicht ganz gescheit", antwortete er: „Ich bin
ganz normal. Es kommt der Tag, wo ihr merken werdet,
daß ihr nicht ganz gescheit gewesen seid."

Wenn Sie davon reden, daß Sie gewiß sind, daß wahr
ist, was Sie sagen, werden diejenigen, denen das fremd
klingt, Sie leicht des Stolzes bezichtigen. Manche Leute
können es nicht ausstehen, daß jemand mit kühner Zuversicht vorangeht.

Stellen Sie sich folgende Situation vor: Viele Men-
schen befinden sich in einem Sumpfgebiet mit allerlei
Unrat, doch manche von ihnen finden heraus. Sie stehen
am Rand, sind schon wieder sauber und erklären den an-
deren, wie sie aus dem Morast herauskommen können.
Aber der Rest meint, das Leben im Sumpf sei normal.
Sie sind den Dreck der Welt gewöhnt, und die sauberen
Leute am Rand kommen ihnen komisch vor.

Und wenn die Leute, die herausgekommen sind und
am Rand stehen, nicht vorsichtig sind, lassen sie sich
womöglich von den anderen überzeugen, zurück in diesen Sumpf zu gehen.

So ist es, wenn Sie von neuem geboren werden: Alle
Ihre Freunde im Morast der Sünde stufen Sie als Son-
derling ein, weil Sie aus dem Sumpf herauskamen und

nun gereinigt sind. Einige Neubekehrte lassen sich sogar einreden, wieder zurück in den Sumpf zu gehen.

Aber auch langjährige Christen müssen aufpassen. Vielleicht sind sie nicht so sehr durch fleischliche Sünden bedroht, sondern durch die Bindung an menschliche Lehre, religiöse Traditionen und den Hang zur Selbstgerechtigkeit.

Auch wenn viele dämonische Kräfte am Werk sind: die Dämonen sind in ihrem Wissen um das, was Gott tut, nicht der Gemeinde voraus. Wenn wir im Geist leben, erkennen wir mehr als sie. Der Heilige Geist wird uns nicht nur offenbaren, was Gott tut, sondern oft auch, warum Er so handelt. Wir sollten einerseits nicht neurotisch sein und überall Dämonen am Werk sehen, aber auf der anderen Seite dürfen wir auch nicht die Werke und Schliche des Teufels bagatellisieren.

Wir sehen, bildlich gesprochen, bereits, wie es anfängt zu regnen. Wir können uns Verwirrung und Unruhe, die wie Wellen über die Welt und die Gemeinde kommen werden, schon vorstellen. Einige Geistliche bauen keine Arche, sondern Kanzeln und Imperien, und sie werden umkommen. Viele Dienste und Werke werden zugrunde gehen.

Die Zeit ist kurz. Wir haben keine Zeit, herumzuspielen oder eine falsche Art Schiff zu bauen und dann noch einmal von vorn anzufangen. Wir haben keine Zeit, unheilig, unrein, ungerecht zu sein und den Lüsten der Seele und des Fleisches zu folgen.

Einige Geistliche predigten, daß Gott eine neue Bewegung schenken würde, aber als sie kam, haben sie sie nicht erkannt. Sie haben sich abgewandt und kamen nicht in das Schiff.

Wenn Sie eine Arche bauen, können Sie nicht alles auf einmal tun, Sie müssen Schritt für Schritt vorgehen. Sie schlagen einen Nagel ein und schauen, ob das Brett hält. Dann nehmen Sie den nächsten und schlagen auch diesen ein. Wenn Sie so stetig an der Arbeit sind, ist die Arche fertig, wenn es Zeit ist hineinzugehen. Gott wird die Tür schließen, und die Arche wird schwimmen.

Wenn Sie nicht richtig bauen – wenn die Arbeit schlampig gemacht wurde und die Arche dadurch baufällig ist –, kann Gott die Tür nicht schließen. Wenn Ihre Arche zum Teil fleischlich ist, wird sie, wenn Sturm und Regen kommen, zu sinken beginnen.

Laßt uns in ganzem Gehorsam das tun, was Gott uns gesagt hat. Laßt uns eine sichere Arche bauen – Leben im Geist –, dann werden wir in diesen letzten Tagen nicht zuschanden und können uns freuen, die Werke Gottes getan zu haben.

Es ist spannend, in der heutigen Zeit zu leben. Wir haben die Möglichkeit, die Welt zu verändern. Wir werden es im Geist tun, nicht im Fleisch. Durch den Wandel im Geist können wir sinnerfüllt und siegreich in dieser abschließenden Phase unseres Zeitalters leben.

Kapitel elf

Ihre Stadt verändern

In den Tagen Noahs fand alles, was sich auf der Erde befand, den Tod. Nur Noah, seine Familie und die Tiere in der Arche überlebten. Die Menschen hatten nicht geglaubt, was Noah sagte, und hatten keine Buße getan.

Gott verhieß aber Noah, daß Er die Menschheit nie wieder auf diese Weise umkommen lassen würde. Ich glaube nicht, daß es je Gottes ursprüngliche Absicht ist, eine Stadt oder ein Volk umkommen zu lassen. Ja, Er ist ein Gott des Gerichts, aber Er ist auch ein Gott der Barmherzigkeit. Gott hat es viel lieber, daß eine Stadt Buße tut, sich ändert, und Er sie nicht zerstören muß. Er will ja nicht, daß jemand verloren geht (2. Petrus 3,9).

Reformatoren, die um Gottes Kraft und Macht wissen, tun deshalb in Gebet, Lobpreis und Verkündigung des Evangeliums alles, was sie tun können, damit die geistliche Atmosphäre in den Städten und Ländern verändert wird.

Wußten Sie, daß von jeder Stadt ein bestimmter Ruf ausgeht? Lassen Sie uns dazu 1. Mose 18,20-21 betrachten:

Und der Herr sprach: „Das Klagegeschrei über Sodom und Gomorra, wahrlich, es ist groß, und ihre Sünde, wahrlich, sie ist sehr schwer. Ich will

163

*doch hinabgehen und sehen, ob sie ganz nach
ihrem Geschrei, das vor mich gekommen ist, getan haben, und wenn nicht, so will Ich es wissen."*

Jede Stadt, jedes Land steht in einem Ruf, und nicht immer ist es ein guter. Bei einigen, wie Sodom und Gomorra, hörte man nur von Sünde und Bosheit.

Gott weiß um jeden Ruf und hört jedes Schreien. Lassen Sie uns dazu noch eine weitere Stelle, nämlich
2. Mose 2,23-25, lesen:

*Und es geschah während jener vielen Tage, da
starb der König von Ägypten. Und die Söhne Israel seufzten wegen ihrer Arbeit und schrien um
Hilfe. Und ihr Geschrei wegen der Arbeit stieg
auf zu Gott. Da hörte Gott ihr Ächzen, und Gott
dachte an Seinen Bund mit Abraham, Isaak und
Jakob. Und Gott sah nach den Söhnen Israel,
und Gott kümmerte sich um sie.*

Gott hörte den Ruf des Volkes nach Befreiung aus dem
Joch Pharaos. Er berief Mose als Führer und führte es
siegreich aus Ägpyten hinaus.

Wenn ich so durch die Welt reise, wird es mir immer
wieder bewußt, daß jede Stadt ihren eigenen Ruf hat.
Jede hat eine bestimmte Ausstrahlung. Die englische
Stadt Oxford ist zum Beispiel bekannt als Stadt der In-
tellektuellen. Tulsa in Oklahoma wird als Schnalle am Bi-
belgürtel (Bible belt = ein Landstreifen, in dem besonders viele Gemeinden und christliche Werke angesiedelt
sind) bezeichnet. Paris ist bekannt für Kunst und Mode,
Venedig für Romantik, San Fransico für seine homose-
xuellen Gemeinschaften. Durch den Ruf einer Stadt wird
im allgemeinen das ausgedrückt, was in der Stadt vorherrscht oder was charakteristisch für sie ist.

164

Entweder herrschen böse Geister und geben der Stadt einen schlechten Ruf oder die Stimme der Heiligen hat die Oberhand, und es ergibt sich ein guter Ruf. Es hängt davon ab, wer oder was vorherrscht. Je mehr die Gläubigen diese Tatsache erkennen, wird der Ruf der Städte von Bosheit und Gebundenheit zur Gerechtigkeit hin verändert werden.

Auch wenn die Zeit des Endes kommt, werden die Städte und Länder in einem bestimmten Ruf stehen. Ich weiß nicht, wie Sie darüber denken, ich jedenfalls will alles tun, daß der Ruf meiner Stadt zur Gerechtigkeit hin verändert wird.

Sich von Gott bewegen lassen

Wenn wir damit beginnen wollen, den Ruf einer Stadt zu verändern, müssen wir klein anfangen. Die Veränderung wird jedoch größer werden, wenn wir im Kampf bleiben und Gott erlauben, durch uns zu wirken.

Als er über die frühen Gemeinden berichtet, schreibt Lukas:

> *Während aber Paulus sie in Athen erwartete, wurde sein Geist in ihm erregt, da er die Stadt voll von Götzenbildern sah (Apostelgeschichte 17,16).*

Paulus wurde innerlich aufgerüttelt von der Sünde Athens. Sind Sie auch aufgewühlt über die Sünde in Ihrer Stadt? Wenn ja, wird Sie das nicht untätig bleiben lassen!

Anstatt zu sagen „Ja, es gibt gewisse böse Dinge hier, das ist nicht zu leugnen. Vater, segne die Stadt und verändere sie", und die Hände in den Schoß zu legen, müssen wir aktiv werden.

Wir sollten aus verschiedenen Gründen gegen die herrschenden bösen Mächte vorgehen:

– um die geistliche Atmosphäre in der Stadt zu verändern;
– um die Werke der Finsternis zu zerstören, damit die Menschen Jesus so erkennen können, wie Er wirklich ist;
– damit Gott sich offenbaren und Sein Werk tun kann, d. h. daß Menschen gerettet, geschult und ausgesandt werden, um überall für den Herrn zu wirken.

In der Apostelgeschichte lesen wir von Philippus, wie er hinunter nach Samaria ging, um dort „Christus zu predigen" (Apostelgeschichte 8,5). Er ging nicht hinunter, um über die Probleme Samarias zu klagen oder die Samariter zu kritisieren oder zu verdammen. Er ging hin, Christus zu predigen. Und wir sehen gleich, was sich ereignete:

> Die Volksmenge zeigte sich allgemein für die Predigt des Philippus empfänglich, indem sie ihm zuhörten und die Zeichen sahen, die er tat. Denn aus vielen fuhren die unreinen Geister, von denen sie besessen waren, mit lautem Geschrei aus, und zahlreiche Gelähmte und Verkrüppelte wurden geheilt. Darüber herrschte in jener Stadt große Freude (Apostelgeschichte 8,6-8).

Eine Stadt besteht für uns aus Menschen, nicht aus Häusern. Unser Ziel, wie es des Philippus war, muß es sein, den Menschen zu einem siegreichen, erfüllten Leben zu verhelfen, das Christus für sie hat. Von welchem Hintergrund sie auch kommen mögen, Jesus will ihnen helfen. Das muß in den Städten der Welt bekannt werden.

Der Grund, warum viele Städte und Völker verzweifelt sind, ist der, daß sie keine Hoffnung haben. Sie sehen keinen Ausweg aus ihren Problemen. Sie finden keine Lösung für die Kriminalität, Drogenprobleme usw.

Ein zweifaches Wirken

In vielen Städten gibt es Menschen, die Veränderung in ihrer Stadt in Gang bringen wollen. Das ist meistens gut gemeint, aber es fehlt die geistlich-strategische Seite. Die meisten konzentrieren sich nur auf die Veränderung der natürlichen Elemente. Das kann zeitweise etwas Gutes bewirken. Die Symptome der Bosheit mögen für eine gewisse Zeit von der Bildfläche verschwinden, aber früher oder später brechen sie eben doch wieder auf. Wir müssen den Grund der Probleme finden und ihn beseitigen. Der Grund liegt im Einfluß böser Mächte.

> *Oder wie könnte jemand in das Haus des Starken eindringen und ihm seinen Hausrat rauben, ohne zunächst den Starken gefesselt zu haben? Erst dann kann er ihm das Haus ausplündern (Matthäus 12,29).*

Wenn starke satanische Mächte in einer Stadt herrschen, kann man den Ruf der Stadt nicht ändern, ohne daß ihr Einfluß beschnitten wird.

Um eine Stadt zu verändern, müssen wir zwei Dinge richtig anpacken: das Werk im geistlichen und das Werk im natürlichen Bereich. Das eine ohne das andere wird keine dauerhafte Veränderung der Stadt bewirken. Die Christen neigen dazu, das eine oder das andere zu tun, aber nicht beides zusammen. Sie tun entweder Dinge im natürlichen Bereich und schreien nicht zu Gott für diesen Ort, oder sie stehen intensiv im Gebet, tun aber nichts im natürlichen Bereich.

Ein mir befreundeter Pastor ist der Leiter einer Gemeinde in einer Stadt, in der die Kriminalität erschreckend zunahm. Auch die Selbstmordzahlen schossen in die Höhe. Die Behörden wußten nicht, wie sie die Dinge in den Griff bekommen konnten. Ein gläubiger Polizist machte den Behörden den Vorschlag, daß immer ein Gebetskämpfer mit der Polizei mitfahren sollte.

Zur großen Überraschung meines Freundes und vieler Bewohner der Stadt erlaubte man verschiedenen Geistlichen, mit den Polizisten auf Streife zu fahren. Ich riet dem befreundeten Pastor, seine Leute beim Gebet zu halten, damit diese offene Tür, die sich ihnen aufgetan hatte, nicht schnell wieder verloren geht. Wir werden erleben, wie sich diese Stadt verändert.

Die Städte der Welt wissen nicht, wie sie mit den Problemen, denen sie gegenüberstehen, fertig werden können. Nur Gottes Volk kann ihnen wirklich helfen.

Wenn die Türen zu einer Stadt sich auftun, müssen wir alles tun, um sie offen zu halten. Beten Sie darum, daß sich die Türen öffnen, und bleiben Sie im Gebet, daß sie geöffnet bleiben. Beten Sie weiter, bis der Sieg errungen ist. Dinge werden sich ändern.

Philippus ging nach Samaria und predigte dort Christus. Er heilte Kranke und trieb Dämonen aus. Es herrschte große Freude in der Stadt (Apostelgeschichte 8,6-8). Wenn wir Lösungen für die Probleme der Welt geben können, wird Freude aufbrechen und Annahmebereitschaft für das Evangelium entstehen. Der Ruf der Städte wird sich ändern.

Göttliche Pläne und Weisungen

In Lukas 19 wird berichtet, wie sich Jesus in bezug auf Jerusalem verhielt:

Als Er dann nähergekommen war und die Stadt erblickte, weinte Er über sie und sagte: „Wenn doch auch du an diesem Tag erkennen möchtest, was zu deinem Frieden dient! Nun aber ist es deinen Augen verborgen geblieben. Denn es werden Tage über dich kommen, da werden deine Feinde einen Wall gegen dich aufführen, dich ringsum einschließen und dich von allen Seiten bedrängen. Sie werden dich und deine Kinder in dir dem Erdboden gleichmachen und keinen Stein in dir auf dem anderen lassen zur Strafe dafür, daß du die Zeit deiner gnadenreichen Heimsuchung nicht erkannt hast“ (Lukas 19,41-44).

Gott hatte einen Plan für Jerusalem, aber die Stadt merkte es nicht. Die Konsequenzen waren so ernst, daß Jesus über die Stadt weinen mußte.

Gott hat definitive Pläne für die Städte. Christen in diesen Städten müssen sich in diese Pläne hineinbegeben. Sie tun das, indem sie das Wort des Herrn verbreiten und Gottes Plan für das Leben der Menschen verkündigen. Viele Städte sind ohne Weisung und die notwendige geistliche Führung.

Tun Sie alles, damit der Herr nicht zu Ihrer Stadt sagen muß: Weil du die gelegene Zeit der Nähe Gottes nicht erkannt hast, wird dir verloren gehen, was der Herr für dich beabsichtigt hat. Beten Sie, daß es Ihrer Stadt nicht wie Sodom und Gomorra, Athen oder Jerusalem gehen wird.

Jetzt ist die Zeit, wo Gott den Städten Gelegenheit zur Veränderung gibt. Jetzt ist die Zeit, wo Gott die Gläubigen in den Städten zur Ausführung Seiner Absichten erweckt. Erinnern Sie sich daran, daß wir auf zwei Ebenen wirken: Wir arbeiten im geistlichen Bereich und gehen hinaus zur Veränderung im natürlichen Bereich.

Lassen Sie mich die Worte, die Jesus über Jerusalem

aussprach, etwas anders formulieren: „Du hast nicht erkannt, was geschah. Du merktest nicht, was Gott für dich plante. Du hast die Dinge, die eigentlich dir gehörten, verpaßt!"

Wir müssen die Schau bekommen, die Gott über die Städte hat. Wenn wir Seine göttlichen Absichten verstehen, können wir entsprechend handeln.

Vollmächtiger Dienst

Für Gott in der Endzeit in Vollmacht Land einzunehmen bedeutet mehr, als nur – wie man so schön sagt – sein „kleines Lämpchen" leuchten zu lassen.

Wir haben die Vorstellung, daß wir unsere kleinen Kerzen anzünden und in ihrem Schein warten müssen, bis die Leute vorbeikommen. In der Endzeit genügen kleine Kerzenlichter nicht mehr, mächtige Scheinwerfer sind da nötig. Wir sollen die Welt mit der Kraft Gottes illuminieren. Die Dunkelheit soll erhellt werden. Das erfordert starke Strahler, keine Flackerlämpchen.

Einige werden sagen: „Richtet den Lichtkegel nach unten, er ist zu grell. Wir wollen kein so helles Licht. Nehmt das kleine nette Licht, das ihr Christen doch immer hattet!"

Andere werden vor dem Licht zu fliehen versuchen. Lassen Sie es trotzdem dort scheinen. Wir sind das Licht der Welt, und wir müssen unser Licht leuchten lassen.

Gott möchte, daß Seine Leute beten, weissagen und verkünden, daß das Volk Rettung finden kann. Und wenn das Volk zu Gott schreit, wird der Herr kommen und die Städte werden bewegt werden durch Seine Herrlichkeit und Kraft.

170

Das Gesetz des Glaubens

Das Gesetz des Glaubens wird beim Einnehmen der Städte für Jesus wirksam werden. Der Glaube bringt Heil. Über Glauben wurde in den vergangenen zwei Jahrzehnten viel geredet. Manche Leute haben jedoch einen Trichterglauben entwickelt – Glauben nur für bestimmte Dinge. Oder sie haben selbstsüchtigen Glauben. Sie denken nur daran, was der Glaube ihnen einbringt. Wir müssen geistlich den Kinderschuhen entwachsen und erkennen, daß Glaube nicht nur Geschenkempfang ist.

Wir brauchen eine Offenbarung Gottes darüber, wie das Gesetz des Glaubens in bezug auf Städte wirkt. Wir sollten nicht wie jene sein, die nutzlose Luftstreiche ausführen, sondern wie jene, die entschlossen sind, den Siegespreis zu erlangen (1. Korinther 9,24.26).

Wir müssen davon ausgehen, daß das, was wir im Glauben aussagen, in unseren Städten zur Auswirkung kommt. Was wir über die Städte ausrufen, wird dazu helfen, daß die Atmosphäre und der Ruf der Stadt verändert wird.

Wenn Sie zum erstenmal dafür beten, daß der Ruf einer Stadt oder eines Volkes verändert wird, wird das, was Sie erglauben, noch nicht in Übereinstimmung mit dem sein, was Sie im natürlichen Bereich sehen. Aber das, was Sie im Geist voraussehen, wird Gestalt annehmen.

Abraham ist das Glaubensvorbild für uns. Abraham behielt den Glauben bei, daß das, was Gott sagte, eintreten würde: daß seine Nachkommenschaft so zahlreich werden würde wie die Menge der Sterne am Himmelszelt. Das braucht eine Menge Glauben, wenn man keine Kinder hat. Wir müssen für unsere Städte glauben, wie Abrahahm Gottes Verheißung glaubte, bevor sie sich erfüllte. Durch Glauben und Geduld werden wir die Verheißung erlangen.

Römer 4,18 erklärt über Abrahams Glauben:

Abraham hat da, wo nichts zu hoffen war, doch hoffnungsvoll am Glauben festgehalten, damit er der Vater vieler Völker würde nach der Verheißung: „So unzählbar soll deine Nachkommenschaft sein."

Wenn Sie einer Verheißung Gottes glauben, die sich noch nicht erfüllt hat, scheint es manchen Zeitgenossen, daß Sie einem Hirngespinst nachjagen. Doch Sie richten sich nicht nach der Meinung anderer, sondern nach der Verheißung Gottes. Sie glauben, daß die Vision, die Gott Ihnen gab, Realität wird.

Wir glauben, daß die Veränderung des Rufs der Städte Gottes Wille für unsere Zeit ist. Deshalb glauben wir, daß das Bild der Boshaftigkeit, das wir mit unseren physischen Augen sehen, sich in ein Bild der Gerechtigkeit wandeln wird.

Es ist aber der Glaube ein zuversichtliches Vertrauen auf das, was man hofft, ein festes Überzeugtsein von Dingen, die man (mit Augen) nicht sieht (Hebräer 11,1).

Es mag uns ähnlich wie Abraham gehen: „... nahm er, der fast hundertjährige Mann, die Erstorbenheit seines eigenen Leibes und den schon erstorbenen Mutterschoß der Sara wahr" (Römer 4,19). Wir betrachten die Stadt, wie sie jetzt aussieht und wie sie geistlich tot ist. Wir stellen uns aber auf die Verheißung Gottes und glauben, daß das, was sie beinhaltet – und wozu wir berufen sind, nämlich den Ruf und den Kurs der Stadt zu ändern –, sich erfüllen wird. Wir glauben wie Abraham, der der festen Überzeugung lebte, daß Gott das, was Er verheißen hatte, auch zu verwirklichen vermochte (Römer 4,21).

In den geistlichen Kämpfen müssen wir fest davon überzeugt sein, daß das, was wir im Geist erkannten, zustande kommen wird. Wenn Ihr Gebet nicht das Wort des Herrn zum Gegenstand hat, wird vielleicht Ihre Bitte erfüllt, aber nicht all das, was Gott selbst für die Stadt beabsichtigt.

Jemand sagte mir: „Du kannst nicht ganze Städte einnehmen, höchstens Teile davon." Der Kleinglaube trifft solche Feststellungen. Starker Glaube kann die Städte, ja sogar Völker einnehmen!

Die Rolle der Gaben des Geistes

Die Rolle der Gaben des Geistes sollte bei der Rufveränderung der Städte nicht übersehen werden. Der Herr hilft, daß der Ruf Ihrer Stadt durch Seine Gaben verändert wird. Zum Beispiel wird die Gabe des Glaubens Ihnen den geistlichen Durchbruch verschaffen, den Sie im Gebet für Ihre Stadt benötigen.

Ich war zu einem Dienst in einer Gemeinde, die große Probleme hatte und von der sich ein Teil abgespalten hatte. Der Pastor hatte mich gebeten, dort zu predigen. Es war in der Zeit, als dies alles noch nicht verarbeitet war. Nach der Predigt bat mich der Pastor, noch zu bleiben und am folgenden Abend ebenfalls zu predigen.

Ich wußte, Gott war in der Sache, und blieb. Als ich mich in meinem Hotelzimmer auf den zweiten Predigtdienst vorbereitete, sprach der Herr zu mir: „Predige ihnen heute abend, daß sie 10 000 geistlich hungrige Gläubige in ihrer Gemeinde haben werden."

Das war eine Saat, die in ihre Herzen fallen und aufgehen mußte, denn ihre geistliche Vision war am ersterben. Glaube und Hoffnung waren am Schwinden. Das, was geschehen war, hatte alle schockiert. Selbst der Pastor hatte es nicht erwartet und war sehr traurig.

Beim Mittagessen sprach er darüber, den Dienst aufzugeben. Ich versuchte alles, ihn aufzurichten. Am ersten Abend hatten wir nicht den Durchbruch im Gottesdienst erlebt, wie Er vom Herrn gewünscht wurde. Das spürte ich.

Am zweiten Abend jedoch begann ich über Gottes Vision für die Gemeinde zu predigen. Es fiel mir schwer, denn die Atmosphäre war drückend. Als ich von den 10 000 Gläubigen sprach, wurde sie noch drückender.

Sie hatten ein großes Gebäude, das so viele Menschen faßte, da es als Tagungsstätte konzipiert war. Es wurde gebaut, weil Gott es angeordnet hatte, nicht weil Menschen dachten, es müsse gebaut werden. Und wenn Gott ein so großes Gebäude wollte, wünschte Er gewiß auch, daß die Sitze gefüllt wurden.

Der Teufel wollte offensichtlich nicht, daß ich darüber sprach, aber ich vertraute der Salbung und hielt durch. Ich drückte auf alle mögliche Weise aus, was Gott mir gesagt hatte. Ich rief, ich flüsterte, ich sprach langsam, ich sprach schnell: Ich war mit allem Eifer dabei, aber es geschah kein Durchbruch.

Plötzlich kam die Gabe des Glaubens zu mir, und durch sie sprach ich nun zu der Versammlung. Die Worte kamen aus meinem Mund und wurden in die Atmosphäre über dem Saal gesprochen: „Es *werden* zehntausend geistlich hungrige Menschen in diese Gemeinde kommen!" Plötzlich war es, als ob zwei oder drei Mauern vor mir zusammenfielen.

Die Menschen faßten Hoffnung und wurden von Freude erfüllt. Die gepflanzte Saat schlug Wurzeln, und die Gemeinde wurde auferbaut. Die Gabe des Glaubens half, daß diese Gemeinde wieder erstarkte. Außerdem: wenn so viele Leute einer Stadt in die Gemeinde kommen, wird die Stadt verändert werden. Die Gaben des Geistes haben eine Funktion bei der Errettung der Städte! Wir sollten den Dienst der Gaben nicht behindern, sondern ihnen Wirkungsfreiheit verschaffen. Und wir sollten uns in Ihrem Fluß bewegen, denn sie dienen auch als Waffen im Kampf.

Die Veränderung des Rufs der Städte ist ein Ausdruck und ein Handeln der Liebe Gottes. Jesus ist auch heute von Erbarmen bewegt, wenn Er die Menschen in den Städten sieht, genauso wie Er es war, als Er auf Erden wandelte.

So durchwanderte Jesus alle Städte und Dörfer, indem Er in ihren Synagogen lehrte, die Heilsbotschaft vom Reiche Gottes verkündigte und alle Krankheiten und Gebrechen heilte.
Beim Anblick der Volksscharen aber erfaßte Ihn tiefes Mitleid mit ihnen, denn sie waren abgehetzt und verwahrlost wie Schafe, die keinen Hirten haben. Da sagte Er zu Seinen Jüngern: „Die Ernte ist groß, aber die Zahl der Arbeiter ist klein. Bittet daher den Herrn der Ernte, daß Er Arbeiter auf Sein Erntefeld sende" (Matthäus 9,35-38).

Jesus ist heute bewegt von der hoffnungslosen Lage der Menschen, und Er sagt zu Seinen Nachfolgern: „Bringt die Ernte ein in den Städten!"

Jesus ruft zur Seelenernte auf. Sie wird den Ruf der Städte ändern.

Es gibt verschiedene Phasen des Wirkens Gottes in den Städten: die Seelenernte und die Erfüllung Seines Planes für den Ort. Eine Seelenernte fand in Jesu Tagen in Jerusalem statt, aber Gottes Plan für diese Stadt kam nicht zum Tragen.

Jesus wirkte und tat den Willen des Vaters. Es war nicht Sein Fehler, daß die Stadt sich nicht veränderte. Wir müssen uns alle Mühe geben, aber auch sehen, daß wir nicht dafür verantwortlich sind, wenn Städte es ablehnen, sich Jesus zuzuwenden.

Nicht die Arbeit einstellen

Wenn sich der Ruf einer Stadt positiv verändert hat, dürfen wir nicht die Bemühungen einstellen. Wir dürfen uns nicht hinsetzen und uns sozusagen auf den Lorbeeren ausruhen. Wir müssen fortfahren zu beten und zu kämpfen, damit der Sieg erhalten bleibt.

Viele haben die Neigung, Evangelisation einseitig zu sehen. Sie bemühen sich um die Rettung der Seelen, ohne sich danach aber ausreichend um das geistliche Wohlergehen der Bekehrten zu kümmern. Diese müssen jedoch während der anfänglichen Schritte auf dem Glaubensweg begleitet, vor Gefahren gewarnt und im Gebet unterstützt werden. Sonst gelingt es dem Feind, wieder Raum zu gewinnen.

Weiter beten und für den Herrn wirken

Gebet ist Voraussetzung für die Rufveränderung der Städte. Gottes Wille ist es, daß wir Seine Botschafter auf Erden sind, die Ihn repräsentieren und die in Fürbitte für die Verlorenen eintreten.

Im Alten Testament war es Israel, das Gott gegenüber den Ungläubigen (Heiden) repräsentierte. Sie sollten Sein Wort durch Prophetie und Gebet verkünden, sollten den Nationen Licht sein (Jesaja 42,6;49,6;66,19).

Heute ist das unsere Aufgabe. Erinnern Sie sich, was in Osteuropa geschah? Viele Gebete stiegen von den dort unterdrückten Völkern zu Gott empor. Bevor sich aber etwas in der natürlichen Ordnung der Dinge veränderte, sprach der Geist des Herrn bereits durch Weissagung im voraus davon. Der Herr hat aber auch über andere Mauern in der Welt gesprochen.

Die folgende Weissagung geschah in einer unserer Versammlungen:

Ja, die Mauer in Deutschland ist gefallen, aber es gibt noch andere Mauern in der Welt, die ebenfalls fallen werden. Diese Mauern sind im Nahen Osten aufgebaut. Auch sie werden ins Wanken kommen und fallen. Ihr werdet sehen, wie sich das geistliche Klima im Nahen Osten zu verändern beginnt, denn Ich will dort eine Ernte einbringen. Ich werde Meinen Willen dort zur Ausführung gelangen lassen.

Es ist eine Veränderung im Bereich des Heiligen Geistes über den nahöstlichen Nationen geschehen. Man sieht es von der natürlichen Seite noch nicht, weil sie nur eine Seite darstellt, aber auch hier wird die Veränderung kommen, so daß sie den Veränderungen des Geistes entspricht. Denn die Mauern in diesem Teil der Welt haben sich zu lange gehalten, haben sich gegen meine Leute erhoben und Dinge gegen sie beschlossen.

Die bösen Mächte haben sich gesperrt gegen mein Bewegen und Mein Volk. Aber nun werde Ich zum Streit rüsten und in den Kampf ziehen, und der Nahe Osten soll erfahren, daß Ich der Herr bin und Mir die Völker gehören und daß Mein Wille zur Ausführung gelangt.

Es wird in diesem Teil der Welt Veränderungen geben, und es wird jene geben, die eine Bürde und einen Ruf für die nahöstlichen Nationen erhalten. Und über diesen Ruf brauchen sie sich keine Sorgen zu machen, sie sollen ihn nur annehmen, sich freuen und ihn durchbeten. Und dann wird zu sehen sein, wie die Dinge Gestalt annehmen. Und zwar sehr schnell, denn der Nahe Osten wird sich verändern. Es gibt eine Ernte in diesen Nationen.

Es werden dort große Gemeinden entstehen, die viele Jahre unterdrückt gewesen waren. Sie wer-

den weitreichenden Einfluß gewinnen und starke geistliche Kraft haben. Im Nahen Osten wird Mein Name bekannt werden, und er wird Meine Herrlichkeit sehen. Meine Gemeinde wird wachsen und erstarken. Sie wird nicht länger im Untergrund bleiben, sondern öffentlich und mutig auftreten. Ihr fragt, wie das geschehen soll? Es werden große Wunder geschehen, und es wird mächtige Eingriffe geben. Und man wird erkennen, daß dies nur geschieht, weil Meine wunderwirkende Hand tätig ist.

So sorgt euch nicht darüber, ihr, die ihr in diesen Ländern wohnt. Ich habe euch nicht vergessen, sondern habe euer Rufen gehört und bin gekommen, es zu beantworten. Ich bin gekommen, eure Gebete zu erhören. Auch eure Sorgen sind mir bekannt. Ihr werdet im Natürlichen sehen, was ich euch bereits im Geist gezeigt habe. Ja, sagt der Geist Gottes, Ich werde Dinge bewegen.

Einige Monate vor der Versammlung, in der diese Weissagung kam, trug ich bereits den Nahen Osten auf meinem Herzen. Ich spürte, daß eine besondere Botschaft über dieses Gebiet kommen würde.

Ende der achtziger Jahre kam ein Ehepaar – beide waren Ärzte – aus Oman in mein Büro.

„Sie müssen nach Oman kommen", sagten sie.

Zu der Zeit dachte ich, daß Oman eine Insel vor dem afrikanischen Kontinent sei. Ich kannte die Geographie dieser Gegend nicht besonders gut.

„Ich weiß nicht, ob ich wirklich dorthin reisen werde", entgegnete ich, „aber ich werde auf jeden Fall meine Bücher schicken. Wissen Sie, ich muß selbst wissen, daß Gott mich dort haben möchte."

Sie fuhren fort, mich zu bitten. Es war kein gewöhnliches Bitten, sondern ein inständiges Bitten von Herzen.

178

So betete ich darüber und schaute im Atlas nach, wo Oman lag. Ich spürte, daß ein göttliches Bitten aus diesen Ländern herauskam, ähnlich wie es Paulus beim mazedonischen Hilferuf erlebte.

> *Und es erschien dem Paulus in der Nacht ein Gesicht: Ein mazedonischer Mann stand da und bat ihn und sprach: „Komm herüber nach Mazedonien und hilf uns."*
> *Als er aber das Gesicht gesehen hatte, suchten wir sogleich nach Mazedonien abzureisen, da wir schlossen, daß Gott uns gerufen habe, ihnen das Evangelium zu verkündigen (Apostelgeschichte 16,9-10).*

In den Tagen nach dem Besuch des Paares kam der Geist Gottes mehrmals auf mich zu und sagte: „Geh für zwei Wochen dorthin!"

Schließlich entgegnete ich: „Nur für zwei Wochen? Also gut, ich gehe!"

Ich stellte mir vor, für zwei Wochen es überall aushalten zu können. Aber ich mußte mich erst nach Freude ausstrecken, um diesen Reise zu machen, denn ich hatte allerhand wilde Geschichten über den Nahen Osten gehört. Der Herr sagte aber „Geh!", und so ging ich.

Wir nahmen Bücher und Lehrkassetten – der Stoff war ins Arabische übersetzt worden – mit und brachten das Material auch ohne Schwierigkeiten über die Grenze, was schon ein Wunder war. Als ich in das Land hineinkam, wurde mir klar, daß es hier um geistlichen Kampf ging. Den Schlaf konnte ich vergessen. „Beten, um am Leben zu bleiben. Beten, um im Willen Gottes zu bleiben", könnte man es überschreiben. Ich lag nachts im Bett und stöhnte im Geist, damit ich richtig Luft bekam. So dicht war die geistliche Atmosphäre dort.

Wir begannen mit den Versammlungen, und die Leute

kamen. Hunderte. Mit jedem Tag wurde das Paar, das mich ursprünglich eingeladen hatte, froher und glücklicher. Das Lächeln der Frau wurde immer stärker.

Während der Woche war viel geistlicher Kampf nötig. Aber dann durchbrachen wir den Widerstand, und am späten Abend eines Tages brach die Freude des Herrn durch. Die Christen hoben die Hände empor und begannen im Geist zu beten und zu tanzen.

Nun, für die meisten Charismatiker in den U.S.A. ist das nichts Neues oder Revolutionäres. Aber für die Gemeinden in diesem Teil der Welt war es ein großer geistlicher Durchbruch.

An einem Abend gegen Ende der ersten Woche, als der Arzt mich zu meiner Unterkunft zurückfuhr, sagte seine Frau zu mir: „Sie wissen nicht, was sich heute abend abgespielt hat. Die Vision, die ich hatte, wurde Wirklichkeit. Als ich die Leute heute abend anschaute, in ihre Gesichter blickte und sah, wie sie sich verhielten, war es genau so, wie ich es gesehen hatte."

„Von was für einer Vision sprechen Sie?" fragte ich. Sie hatte mir bisher nichts davon gesagt.

Dann erzählte sie mir, daß sie im Geist gesehen hatte, daß eine Zeit kommen würde, wo die Leute der Gemeinde Freiheit im Geist erlebten. Sie sah sie stark im Geist und Seinen Wirkungen und nicht gehemmt und niedergedrückt. Sie sah die Menschen singen und tanzen und Gott mit erhobenen Händen loben.

Was sie gesehen hatte, war Wirklichkeit geworden. Sie war ganz hingerissen, als sie mir sagte: „Und mitten in der Freude und dem Jubeln sah ich den nächsten Schritt. Ich bin so froh über das, was geschehen ist, aber nun habe ich etwas weiteres, wofür ich glauben kann."

Ihr war ein weiteres Ziel bezüglich der Veränderung des Rufes ihrer Stadt und ihres Volkes gegeben worden. Sie war entschlossen, mutig vorwärts zu gehen. Später erzählte sie mir von all den Glaubenskämpfen, die sie durchstehen mußte. Sie hielt sich fest an das, was sie im Geist gesehen hatte, und glaubte, daß es Wirklichkeit werden würde. Und so kam es.

Dieses Paar, und dabei insbesondere die Frau, waren verantwortlich für die atmosphärische Veränderung der Stadt. Sie wußten um ihre Verantwortung und kamen ihr nach.

Gott hat den Nahen Osten nicht vergessen. Er hat die Christen dort nicht aus dem Gedächtnis verloren. Er hat auch nicht vergessen, daß Sein Wort, das Er über diese Nationen sprach, ausgeführt werden muß.

Wir können unsere Städte im Sinne Gottes verändern. In den Tagen, die vor uns liegen, werden wir sehen, daß das in vielen Städten und Nationen geschieht. Ich möchte das erleben, Sie nicht auch?

Ich möchte aber noch einmal daran erinnern, daß ich nicht davon spreche, die natürliche Regierungsgewalt zu übernehmen. Gottes Absicht ist nicht, daß wir weltliche Macht an uns reißen, sondern daß die Regierenden und ihre Bürger in das Abbild Seines lieben Sohnes verwandelt werden. Und das spielt sich im geistlichen Bereich ab, nicht im natürlichen.

Ein geistlicher Machtwechsel in einer Stadt wird jedoch im natürlichen Bereich Auswirkungen haben. Das war zum Beispiel bei der walisischen Erweckung gut zu beobachten. Als Gottes Geist durch die Nation wehte, wurden nicht nur Menschen dem Leib Christi hinzugetan, sondern auch ganze Dörfer und Städte wurden verändert. Die Kneipen schlossen, die Arbeit in den Bergwerken ging anders vonstatten. Die Gemeinden wuchsen explosionsartig. Die Dinge im natürlichen Bereich änderten sich aufgrund der geistlichen Veränderung.

Ein Ruf der Gerechtigkeit ging von Wales aus, und die Nation wurde verändert. Das Traurige ist, daß sie nicht verändert blieb. Die Leute verloren mit der Zeit das, was geschah, aus den Augen, und ihr Sinn richtete sich wieder auf andere Dinge. Als die Erweckung geschehen war, ließ der Eifer der Christen nach: Der Kampf war gewonnen, nun bedurfte es keiner großen Anstrengungen mehr.

In den Tagen vor uns dürfen wir nicht nachlässig werden. Wir dürfen nicht erlahmen. Die Gemeinde bedarf starker, aber weiser Kämpfer. Wir sollen sichern, was wir im Geist ergriffen haben, und gleichzeitig neue Städte einnehmen.

Das ist unsere Bestimmung.

Kapitel zwölf

Unser Ziel

Als Er aber auf dem Ölberg saß, traten Seine Jünger für sich allein zu Ihm und sprachen: „Sage uns, wann wird das sein, und was ist das Zeichen Deiner Ankunft und der Vollendung des Zeitalters?" (Matthäus 24,3).

Die Jünger wußten, daß dieses Zeitalter einmal zu Ende gehen wird. Selbstverständlich wollten sie mehr darüber wissen. Wer wäre da nicht neugierig? Vom natürlichen Standpunkt her gesehen war Jesu Antwort ziemlich angstmachend, denn Er sagte zu ihnen:

Seht euch vor, daß niemand euch irreführe. Denn viele werden unter Meinem Namen kommen und behaupten: „Ich bin der Christus", und werden viel irreführen.
Ihr werdet ferner von Kriegen und Kriegs-gerüchten hören. Gebt acht, laßt euch dadurch nicht erschrecken, denn das muß so kommen, ist aber noch nicht das Ende.
Denn ein Volk wird sich gegen das andere erheben und ein Reich gegen das andere. Auch Hungersnöte werden eintreten und Erdbeben hier und

da stattfinden. Dies alles ist aber erst der Anfang
der Wehen.

Hierauf wird man schwere Drangsale über euch
bringen und euch töten, und ihr werdet allen Völ-
kern um Meines Namens willen verhaßt sein. Als-
dann werden viele Anstoß nehmen und sich ein-
ander ausliefern und einander hassen.

Auch falsche Propheten werden in großer Zahl
auftreten und viele irreführen. Und weil die Ge-
setzlosigkeit überhand nimmt, wird die Liebe in
den meisten erkalten (Matthäus 24,4-12).

Dieser Schriftabschnitt gibt uns ein ziemlich düsteres
Bild von der Zukunft, die vor uns liegt. Jesus hörte aber
da mit Seiner Rede nicht auf, sondern fuhr fort:

Wer jedoch bis ans Ende ausharrt, der wird ge-
rettet werden. Und die Heilsbotschaft vom Reich
Gottes wird auf dem ganzen Erdkreis allen Völ-
kern zum Zeugnis gepredigt werden, und dann
wird das Ende kommen (Matthäus 24,13-14).

Das ist die gute Botschaft, die wir auch festhalten dürfen. Wir sollen aktiv sein und ausharren bis zum Ende.
Wir müssen es, denn wir sind die letzten Zeugen für die
Nationen. Das ist unsere endzeitliche Rolle in den Tagen
vor uns.

Sein Werk zu Ende führen

Wenn wir die Bibel lesen und die Kirchengeschichte studieren, sehen wir, wie viele Gottesmänner und -frauen
vom Herrn gebraucht wurden, damit besondere Ziele und
Absichten Gottes in ihrer Zeit verwirklicht wurden.

Abraham erfüllte seine Aufgabe auf Erden, indem er

Empfänger der Bundesverheißung und Vater des Isaak wurde, aus dem die Nation Israel hervorging.

Noah erfüllte seine Aufgabe, indem er die Arche baute. Esther ihre, indem sie ihr Volk vor der Auslöschung bewahrte. David in der Besiegung Goliaths und in seiner Herrschaft als König.

Joseph und Maria erfüllten die elterlichen Aufgaben gegenüber Jesus, und Johannes der Täufer die seine, indem er Jesus den Weg bereitete.

Jeder hatte eine besondere Aufgabe, und auch wir haben unsere. O, daß wir doch ganz Gottes Absichten und Aufgaben, die Er mit unserem Hiersein verbunden hat, erkennen und erfüllen würden!

Jesus sagte zum Vater: *„Ich habe Dich hier auf der Erde verherrlicht und habe das Werk vollendet, dessen Vollführung Du Mir aufgetragen hast"* (Johannes 17,4).

Jesus erfüllte das, was der Grund seines Hierseins war. Auch wir müssen unsere Zeit nutzen und das verwirklichen, weswegen wir hier sind. Wir müssen im Geist lebendige, kühne Zeugen sein und in dieser Tätigkeit bis ans Ende duchhalten: das ist unsere Bestimmung!

Haben Sie sich je gefragt: Warum bin ich hier? Welchen Sinn und welchen Zweck hat es, daß ich in dieser Zeit der Geschichte lebe?

Als Junge schaute ich mir Western-Filme an und stellte mir vor, wie es gewesen wäre, wenn ich in jenen Tagen gelebt hätte. Manchmal wünschte ich mir, damals dabei gewesen zu sein und erfahren zu haben, wie es war, als die Siedler westwärts zogen und neues Land einnahmen.

Jetzt weiß ich, daß wir heute – obwohl das damals im Natürlichen aufregende und abenteuerliche Zeiten waren – in einer noch spannenderen und erlebensreicheren Zeit im geistlichen Bereich leben. Wir sind die Generation, die ihre Verantwortung in der Zeit des Herannahens des Endes wahrzunehmen hat.

Das ist eine kolossale Herausforderung, aber sie sollte uns nicht bedrücken. Wir sollten freudig und froh darüber sein, daß Gott uns dazu bestimmt hat, in den letzten Tagen vor dem Wiederkommen Seines Sohnes zu leben.

Wir alle haben einen Platz am Leib Christi. Einige sind zum Predigen und Lehren berufen, andere zum Bau neuer Gemeinden, wieder andere als Missionare, als Chor- oder Lobpreisleiter, zur Kinder- und Jugendarbeit usw. Alles ist wichtig, aber der wichtigste Grund, warum wir hier sind, ist der, Zeugen zu sein: die Schlußzeugen für die Welt!

Das ist unser eigentlicher Ruf. Jedem von uns hat Gott den Dienst des Weitersagens der Erlösung aufgetragen. Alle Gläubigen sind Botschafter Christi.

Herausforderungen, die vor uns liegen

Die Zeit vor uns wird ihre Anforderungen an uns stellen. Aber mit der Herausforderung kommt auch die Kraft und der Glaube, so daß wir unserem Ruf nachkommen und die Dinge tun können, die Gott getan haben will. David ist uns vorangegangen und lehrt uns, daß der Kampf des Herrn ist (1. Samuel 17,47).

Gerade so, wie Gott den Riesen Goliath in Davids Hände gab, kann Gott die Nationen in unsere Hände geben. Aber der Riese fiel nicht einfach ohne Davids Zutun. David mußte seinen Teil dazu beitragen.

Als der Philister sich aufmachte, eilte David ihm entgegen (1. Samuel 17,48). Im Vertrauen auf den Sieg lief David direkt auf den Feind zu. Das erforderte Mut!

Je mehr David im Angesicht seiner Feinde mit Gott sprach, desto mehr wurde er mit Kraft und Glauben erfüllt, diese Aufgabe meistern zu können.

Wir haben ein großes Werk vor uns, nämlich die gute Nachricht allen Völkern zu verkünden, ehe das Ende kommt. Gott hat uns alles gegeben, was wir brauchen, um das tun zu können, genauso wie Er David damals mit allem ausgestattet hat, damit er seine Aufgabe erfüllen konnte. Alles, was David brauchte, war eine Schleuder und ein paar kleine Steine. Das genügte, um den Feind zu besiegen.

Was immer es braucht, um den Nationen das Evangelium zu bringen, Gott wird sicherstellen, daß wir es bekommen. Es liegt an uns, zu gehen. Es liegt an uns, zu gehorchen und unsere Bestimmung zu erfüllen.

Jemand hat einmal gesagt: „Tu, was du kannst, mit dem, was du hast, und dort, wo du bist." Das liebe ich. Wir alle können etwas tun. Und wenn wir alle mit dem handeln, was Gott in uns hineingelegt hat, werden viele aus den Nationen noch vor dem nahenden Ende durch unser Zeugnis für Jesus gewonnen werden.

Neues Land einnehmen

Neues Land für Gott einzunehmen, darum geht es heute. Wir hören so viel von Leuten, die den Nervenkitzel suchen. Fallschirmspringen, Kletterpartien in den Bergen, Kajak fahren und neuerdings Bungee-Jumping (man stürzt sich, angebunden an ein Gummiseil, in die Tiefe) sorgen für Spannung und Faszination.

Ich fragte einmal einen Fallschirmspringer, warum er das tue, denn für mich wäre es das Letzte, aus einem Flugzeug in 4000 Meter Höhe abzuspringen. Dennoch, so sagte ich mir, muß es für diese Leute einen guten Grund geben, warum sie das tun.

Die Antwort war: „Ich liebe den Nervenkitzel, die Spannung. Und es gibt nichts, was mich so packt!"

Nun gut, wenn das ihn glücklich macht! Ich meine aber, daß diese natürlichen Nervenkitzel längst nicht die Erregung hergeben wie die, wenn man Gottes Pläne und

Absichten auf Erden erfüllt. Da ist wirkliche Freude und Faszination!

Wenn Sie spannende Erlebnisse mit Gott haben möchten und sich danach sehnen, einen bleibenden Eindruck auf Erden zu Seiner Ehre und Herrlichkeit zu hinterlassen, leben Sie gerade jetzt zur rechten Zeit. Denn Sie befinden sich unter jenen Schlußzeugen, von denen Jesus sprach, und die die Welt dringend braucht.

Es ist Zeit, daß eine starke, kühne Generation für Jesus aufsteht und den Nationen Erweckung bringt. Deshalb leben wir hier in dieser Zeit der Geschichte. Ich schaue nicht länger zurück zu der guten alten Zeit und wünsche nicht mehr, darin zu leben. Ich freue mich, daß ich heute leben darf. Ich fühle mich geehrt, daß Gott mich erwählt hat, in dieser entscheidenden Phase der Geschichte zu leben.

Es ist die aufregendste, spannendste Zeit zu leben. Die Erzväter, die im Himmel auf uns warten, würden wahrscheinlich auch gerne diese spannende Zeit hier unten miterleben. Sie gingen uns voraus und bahnten den Weg. Nun sind wir dran. Ich möchte sie nicht enttäuschen, Sie auch nicht? Aber was noch wichtiger ist: Ich möchte meinen Herrn und König nicht enttäuschen!

Unsere Generation ist dafür verantwortlich, daß die Welt von Jesus erfährt und daß viele Menschen für Ihn gewonnen werden. Dafür möchte ich mich voll einsetzen. Meine Hoffnung beim Schreiben dieses Buches ist es, dieses Verlangen auch in Ihr Herz gepflanzt zu haben. Ich hoffe, daß auch Sie sich ganz für diesen Schlußzeugnisdienst einsetzen. Zu diesem Dienst sind Sie berufen.

Sie sind dazu berufen, in der Zeit, in der die Gemeinde an der Zeitschwelle zur Ewigkeit steht, mitzuhelfen, daß die Welt von Christus erfährt. Ich bete, daß Sie dieser hohen Berufung in großer Kühnheit und Kraft nachkommen, so daß Sie ein großer Segen für Ihr Volk sein werden.

Wagen Sie es, dahin zu gehen, wo Gott Sie hinführt? Wagen Sie, das zu tun, wozu Gott Sie aufruft? Er wird Sie nicht im Stich lassen! Draußen wartet die weite Welt auf Sie, auf Sie als einen von Gottes letzten Zeugen. Sie können und sollen diesen Dienst tun!

Aktuelle Bücher —
man muß sie gelesen haben!

STREBEN NACH INNEREM FRIEDEN   Dr. Henry Brandt

Der Verfasser dieses Buches ist der von Tim LaHaye so oft erwähnte christliche Psychologe Dr. Henry Brandt. Er zeigt hier, wie unser körperliches und geistiges Wohlbefinden eng mit dem Frieden der Seele zusammenhängt, und wie aus innerer Unruhe, aus Furcht, Schuldgefühlen, Groll und Zorn schädliche Einflüsse auch für unsere leibliche Gesundheit entstehen. Magengeschwüre, Herzbeschwerden, Nervenzerrüttung und anderes sind dann das Ergebnis. Doch Dr. Brandt zeigt auch den Ausweg aus diesem inneren Unfrieden. Deshalb ist dieses Buch für Gläubige und Ungläubige eine große Hilfe.

Best.-Nr. 20 142   134 Seiten (Paperback)   **DM 13,80**

BEREIT SEIN FÜR GOTTES GELEGENHEITEN   Larry Tomczak

Gottes Zeitpunkt recht erkennen, wenn Er gerade eine besondere Aufgabe für uns hat, und dann für Ihn bereit stehen; das ist das Thema dieses Buches. Gott will uns gebrauchen und durch uns wirken, wenn wir Ihm stets zur Verfügung stehen. Er wird uns dann „göttliche Gelegenheiten" in den Weg führen, also Zeiten, in denen der Heilige Geist besonders durch uns wirken und uns gebrauchen möchte, Sein Reich mit zu bauen, anderen zu helfen, die in Not sind, mit ihnen zu beten — ja Er möchte sogar durch uns Wunder tun. Larry Tomczak ermutigt hier zu solcher Bereitschaft und gibt feine Ratschläge, wie wir Gottes Stimme besser verstehen, Seinen Willen besser erkennen und uns vom Heiligen Geist besser gebrauchen lassen können.

Best.-Nr. 20 144   142 Seiten (Paperback)   **DM 14,80**

ERGRIFFEN VON BARMHERZIGKEIT   Douglas Wead

Das Leben in den Straßen Kalkuttas ist das tiefste Stück der Hölle auf Erden. Prostituierte, Waisenkinder, Bettler, Aussätzige, hilflose und verkrüppelte Kinder, Drogensüchtige — sie alle sind ein Stück von diesem elenden, schmutzigen, schrecklichen und erbarmungslosen Leben. Doch inmitten dieser Hölle lebt auch ein Engel der Barmherzigkeit. Es ist der christliche Missionar Mark Buntain, der sich dieser Elenden annimmt und ihnen hilft nach Leib, Seele und Geist. Dieses Buch schildert Einzelschicksale solcher elenden Menschen in Kalkutta, und zwar in so fesselnder Weise, daß man dieses Buch kaum mehr aus der Hand legen mag, bis man die letzte Seite gelesen hat. Außerdem zeigt es etwas davon, was heute Missionsarbeit bedeutet. Spannend von der ersten bis zur letzten Seite sollte es jeder lesen, Alte und Junge.

Best.-Nr. 20 075   168 Seiten (Paperback)   **DM 12,80**

MIT DEM HEILIGEN GEIST AN'S ZIEL   Georg Steinberg

Jeder Christ weiß, daß er in der heutigen so verwirrten Zeit ohne die Führung des Heiligen Geistes nicht auskommen kann. Dieses Buch zeigt uns anhand der Brautwerbung des Elieser für den Sohn seines Herrn in biblisch fundierter Weise, wie der Heilige Geist die Gemeinde Jesu führen kann und will, wenn wir uns Ihm anvertrauen. Die Notwendigkeit und Möglichkeit solcher Führung auch im Leben des einzelnen wird uns groß gemacht und auch gezeigt, wie der Heilige Geist uns ausrüsten will. Jeder Christ wird das Buch mit viel Gewinn lesen.

Best.-Nr. 20 095   110 Seiten (Taschenbuch)   **DM 7,80**

Preisänderungen vorbehalten

UMGANG MIT UNSEREN GEFÜHLEN   Ralph Speas

Sind Gefühle unsere Freunde oder Feinde? Jeder möchte wahrscheinlich immer gut gelaunt sein. Da unsere Launen und Stimmungen weitgehend von unseren Gefühlen abhängen, ist die Frage nach dem Umgang mit ihnen sehr wichtig, zumal auch unsere Entscheidungen oft mehr von Gefühlen als von vernünftigen Überlegungen bestimmt werden. Das Buch zeigt, wie wir uns nicht von negativen Gefühlen bestimmen lassen müssen, sondern wie statt Depressionen und Unruhe vielmehr Liebe, Freude und Friede unsere Seele erfüllen können. Ein sehr wichtiges Buch.

Best.-Nr. 20 094   128 Seiten (Paperback)   **DM 11,80**

DIE GESCHICHTE AUS DEM BUCH

Welcher Bibelleser hat sich nicht schon gewünscht, die Berichte der Bibel so hintereinander lesen zu können, wie sie sich in der zeitlichen Reihenfolge ereignet haben, um ein noch besser zusammenhängendes Bild zu bekommen. Weil die Bibel aus verschiedenen Büchern besteht, die von unterschiedlichen Verfassern zu verschiedenen Zeiten geschrieben wurden, ist das schwierig. Doch in diesem Buch haben Gelehrte die Berichte der Bibel in zeitlicher Reihenfolge zusammengefaßt, ohne daß Kapitel dazwischen wären. So erhalten wir in guter moderner Sprache einen chronologischen Bericht der biblischen Ereignisse, der in einem Zug gelesen werden kann. Auch Anfänger im Bibellesen und Ungläubige werden hier mit Interesse lesen.

Best.-Nr. 20 135   510 Seiten (Paperback)   **DM 24,80**

ENTSCHEIDUNG AUF DEM KARMEL   William H. Stephens

Das ist die Geschichte Elias, des großen Propheten Israels, der als einzelner den Mut hatte, sich von Gott gebrauchen zu lassen, um gegen die bestimmende geistige Strömung seiner Zeit und gegen das israelitische Königshaus aufzustehen. Dabei kommt es zur gewaltigen Auseinandersetzung zwischen dem Gott Israels, dem Gott Abrahams, Isaaks und Jakobs, der durch Elia vertreten wird, und der heidnischen Baalsreligion, die von der phönizischen Königstochter Isebel, die Israels Königin ist, in Israel eingeführt wird. Diese Auseinandersetzung findet in dem dramatischen Gottesurteil auf dem Karmel seinen Höhepunkt. Ein ungeheuer packend erzähltes Buch. Sie sollten es unbedingt lesen. Auch als Geschenk gut geeignet.

Best.-Nr. 20 029   312 Seiten (Paperback)   **DM 22,80**

DER SCHLÜSSEL ZUM SIEGESLEBEN   Jack R. Taylor

Zwischen Theorie und Praxis wahren Christenlebens klafft oft eine große Lücke. Daß die Botschaft des Christentums oft unglaubwürdig scheint, hat weniger mit den Verheißungen der Bibel und der vollbrachten Erlösung durch Jesus zu tun, als vielmehr damit, daß im Leben der Christen viel zuwenig von dieser Erlösung und der Kraft des Heiligen Geistes zu sehen ist. In diesem Buch wird uns der Weg zu einem neuen Leben der Erlösung in Sieg und Freude durch Jesus gezeigt. Dazu bedarf es aber nicht nur frommer Lippenübungen und Hallelujas, sondern ganze Lebensübergabe an Jesus Christus. Sehr lesenswert.

Best.-Nr. 20 122   144 Seiten (Paperback)   **DM 13,80**

Preisänderungen vorbehalten — Zu beziehen durch:

**Leuchter-Verlag eG, Industriestraße 6—8, D-6106 Erzhausen, Postfach 1161
In Österreich: Buchhandlung der Methodistenkirche, A-1082 Wien,
Trautsongasse 8, Postfach 65**